台湾のものは
台湾のもの
中山ゆう子

台灣的東西
就屬於台灣



印刷簽名版

讀小說
Reading Novel

# 復仇協奏曲

ふくしゅうのコンチェルト

中山七里

瑞昇文化

# 目次

# 好評推薦

為良知與道德而痛苦的前科犯律師，在蹣跚前進的贖罪之路中承擔的不僅是受害者家屬的仇恨、親生父母悲慘下場的虧欠、唯一恩師負罪入獄的無助，更必須對抗社會大眾無窮無盡的譴責與另一個蠢蠢欲動的惡魔自我。中山七里的御子柴禮司系列是留名日本推理小說青史的《罪與罰》。

——喬齊安（台灣犯罪作家聯會成員、推理評論家）

身負殘酷前科的無良律師，讀者無不好奇，這絕望的無底洞究竟會將律師扯向地獄，還是讓他戴罪立功普度眾生？《復仇協奏曲》儼然就是針對這一連串的叩問的解答，單單是「復仇」字眼，足以讓人好奇，是律師向他人尋仇，還是慘案家屬找上門來，衝突矛盾成就對比又相互交融的戲劇魅力，宛如氣勢磅礴的樂器與管弦樂隊協同演奏，一波未平一波又起。

「自由是最大的束縛，正義才是最大的亂象。」一語道破現今法律制度的處境與瓶頸。

——牛小流（台灣犯罪作家聯會成員、馬來西亞推理作家）

這是由一名惡名昭彰的律師、一名身分成謎的律師事務所事務員和一樁命案所交織而成的精彩故事。

若是你對以下問題感到好奇：殺人魔是否有資格成為律師，甚至成為一名好律師？律師所應具備的道德標準與核心價值為何？透過作者的巧妙鋪陳以及書末高潮迭起的法庭推理，作者提供了另一個不同思考向度，將顛覆你的想像。

——Troy（台灣犯罪作家聯會成員、惡之根 podcast 節目主持人）

# 序曲

「阿綠！一起玩吧！」

我對著門口大喊，不一會便聽見了乒乒乓乓的腳步聲自門後的走廊迅速靠近。雖然步伐急促卻又朝氣十足，一聽就知道是阿綠的腳步聲。

「歡迎。」

大門開了一道縫隙，阿綠探出頭來，對我露出一如往昔的燦爛笑容。

「進來吧！」

阿綠有著開朗、隨和的性格，溫柔對待每一個人，也喜歡向每一個人撒嬌。像這樣的孩子，當然會受到喜愛而擁有許多朋友。就連我，也把阿綠當成了最要好的朋友。阿綠的年紀比我大一歲，但她對我從來不擺架子。

她的家人除了父母之外，還有一個姊姊。但此時我走進她家，卻聽不到其他人的聲音。

「家裡的人不在嗎？」

「爸爸媽媽都出去工作還沒有回來，亞季子姊到朋友家去玩了。」

「阿綠一個人看家？真厲害。」

「嗯，我最厲害了。」

在家裡能玩的遊戲有限，我們打從一開始就知道要玩什麼。阿綠的房間裡，有著今年才剛開賣的「森林家族」玩偶。這個牌子的玩偶在孩童之間非常受歡迎，幼稚園的班上同學沒有人不知道，但因為價錢不便宜，只有少數幾個孩子實際擁有，阿綠也是其中之一。

我曾經對媽媽說過「我也想買『森林家族』玩偶」，但媽媽聽了價錢之後，竟然笑了出來。我不知道那樣的價格到底算是多貴，但大概是貴到讓媽媽忍不住想要笑吧。

就算就讀同樣的幼稚園，每個孩子的家庭狀況可能也不一樣，這一點我或多或少能夠理解。阿綠的爸爸跟媽媽都在工作，所以我猜想她家應該滿有錢吧。我很羨慕阿綠想要什麼就能有什麼，但我不喜歡媽媽每天都不在家的感覺。

或許是因為心理有些不平衡，我故意問道：

「阿綠，妳媽媽什麼時候回來？」

「快要吃晚飯的時候，她就會回來了。」

「妳不會寂寞嗎？」

「不會，姊姊會陪我玩，所以不寂寞。」

阿綠雖然嘴上這麼說，但我經常看她露出無事可做的表情。雖然亞季子很照顧妹妹，但她也有她自己班上的朋友，不可能把所有的自由時間都用來陪伴阿綠。

我好幾次看見阿綠一個人在公園裡，身邊沒有姊姊陪伴。因為我是和媽媽在一起，所以不太好意思找她一起玩。她一個人待在沙區裡的模樣，看起來相當寂寞。

昂貴的「森林家族」玩偶，也是要跟朋友一起玩才好玩。我不禁心想，如果我們這些朋友沒有來找阿綠玩，她一個人要怎麼玩那些玩偶？

就在我們把所有的玩偶全都玩過一輪的時候，門口的方向傳來了門鈴聲。

「啊！媽媽回來了！」

那聲音一響起，阿綠立刻拋下手裡的牛奶兔玩偶，奔向門口。

看吧，果然會寂寞。

「啊，妳們在玩嗎？」

阿綠的媽媽走進房間，臉上堆滿笑容。

其實我不太喜歡阿綠的媽媽。明明是剛下班回來，身上卻穿得漂漂亮亮，不管是服裝還是動作都相當高雅。我總是忍不住拿她和我自己的媽媽比較，感到有些自卑。

既然媽媽回來了，朋友也該離開了。我向阿綠及她媽媽道了別，走向門口。

「掰掰。」

阿綠將手掌舉到胸口的高度，朝著我揮了揮。接下來是和家人相處的時間，但她的表情還是顯得有些不捨。

我凝視著她，實在看不出她的年紀比我大。我心裡產生了明天也要一起玩的想法，於是朝她說道：

「掰掰，明天見。」

「明天見。」

「再見……」

明天我大概也會和今天一樣，來找阿綠一起玩，直到她媽媽回家吧。

後天大概也一樣，大後天可能也一樣。就算上了國小，我們應該也會每天一起玩耍。

但後來事實馬上就證明我錯了。

隔天傍晚，我陪著媽媽出門買菜。媽媽答應我，要讓我任意挑一樣零食，所以我說什麼也要跟去。

我到了超市的零食區，果然看見了我最想買的草莓巧克力。包裝上有我最喜歡的卡通人物，擺著可愛的姿勢。雖然我不知道裡頭的巧克力吃起來是什麼滋味，但光是這個包裝，已經讓我十分滿意了。

「馬上就要吃晚飯了，不能全部吃掉唷。」

我遵守著媽媽的告誡，在廚房吃起了巧克力。就在這時，響起了門鈴聲。

「來了，是誰啊？」

原本正在做菜的媽媽轉身走向門口。那客人的說話聲聽起來有些耳熟。

「妳來一下。」

我聽見媽媽的叫喚，於是走了過去。果然沒錯，站在門口的人是阿綠的媽媽。

「阿綠好像還沒有回家，妳知不知道阿綠去了哪裡？」

阿綠的媽媽此時臉色蒼白，平常總是梳理得整整齊齊的頭髮，此時卻相當紊亂，簡直像是才剛起床一樣。

她的表情相當焦急，看著我的眼神中帶著殷切的期盼。

但是今天在幼稚園道別之後，我就再也沒有見到阿綠了。我搖頭說了一句「不知道」，阿綠的媽媽垂下了頭，對著我說道：

「妳要是想起了什麼關於阿綠的事，拜託立刻告訴我，我今天會一直待在家裡……」

阿綠的媽媽說完這句話之後就離開了。我媽媽此時憂心忡忡地說道：

「阿綠不曉得去了哪裡。最近這附近常出事……希望趕快找到。」

媽媽回到廚房之後，我感覺到一股寒意竄上背脊。外頭不斷傳來蟬鳴聲，我露出襯衫外頭的皮膚卻有股涼颼颼的感覺。

阿綠迷路了？

還是被人帶走？

各種想像在我的腦海中盤旋，我越想越是害怕，忽然好想撲進媽媽的懷裡，於是我也趕緊走回廚房。

好希望他們趕快找到阿綠。我走向餐桌，坐在自己的座位上，雙手合十默禱。

「妳幹什麼？還沒有開飯呢。」

「我是在禱告，希望他們趕緊找到阿綠。」

單純以結果來看，這個心願算是立刻就實現了。

但那卻是我們最不希望看見的結果。

八月十九日，也就是隔天，我醒來的時候，發現全身都是汗水。或許我作了一個很可怕的惡夢，但是當我清醒時，已經忘得一乾二淨。

不，其實我的腦袋深處還殘留著一點點夢境裡的畫面。似乎是有個身材高大的男人不斷追趕著我。

媽媽吩咐過，醒來之後如果不趕緊離開被窩，馬上又會睡著。於是我趕緊下了床。

走進廚房，看見媽媽臉色蒼白地坐在椅子上。

「媽媽，怎麼了嗎？」

我走向媽媽，她突然用力把我抱住。她抱得非常緊，不像是平常的溫柔擁抱，簡直像是害怕我遭遇什麼危險。

「媽媽……」

「妳冷靜聽媽媽說……」

我心想，需要冷靜的是妳吧？

「他們找到了阿綠……在隔壁社區的公民館前面……」

隔壁社區的那棟公民館，我只去過一次。我心裡感到納悶，不明白阿綠怎麼會跑到那麼遠的地方去。

媽媽以顫抖的聲音接著說道：

「阿……阿綠在郵筒的上面。」

我的腦袋裡浮現了阿綠坐在郵筒上的模樣。她怎麼會玩這種奇怪的遊戲？一時之間，我不明白媽媽到底在說什麼。

「阿綠已經死了。」

我花了非常久的時間，才聽懂媽媽這句話的意思。

我想起了去年家裡養的狗「阿龍」。牠是一隻精力旺盛的銀狐犬，總是纏在我的身邊。但是牠在冬天的時候突然生了一場大病，就在某個下雪的早晨，牠的身體變得好冰。不管我怎麼搖，牠都一動也不動，牠一直張著嘴，露出的牙齦全變得蒼白。那時候我整整哭了兩天。

阿綠死了。

死了的意思，就是再也見不到了。

在我理解這一點的瞬間，我突然感覺到一股難以壓抑的悲傷與恐懼湧上心頭。

就好像感情已經突破理解的上限，我已不知道自己此時的感受是什麼了。我只是不斷大喊，眼淚滾滾滑落。

「冷靜點！妳冷靜點！」

這一天幼稚園臨時停課。從大人們的竊竊私語中，我得知阿綠的頭部被放在郵筒上，只有頭部而已。我沒有辦法想像那畫面，腦袋裡全是古怪的景象，我只知道那一幕肯定是觸目驚心。

我望向窗外，看著數輛電視臺的採訪車通過家門口。好幾個手持麥克風或攝影機的大人們在附近徘徊，而警察的人數又比那些人更多。

到了隔天，幼稚園恢復上課，但園內站著好幾名負責護衛的警察。整件事情的細節一點一點地傳入了我的耳中。幼稚園的老師及父母們似乎都不想讓孩子們知道詳情，但是到處都有消息靈通的孩子，事件的始末很快就在園生之間傳了開來。

「聽說他們又找到了阿綠的身體，這次是右腳。」

「好像是放在其他幼稚園的門口。」

「我爸爸說，現在國小學生上下學也要家長陪同了。」

「電視一到新聞時間，爸爸媽媽就會把電視關掉。」

每個家庭的反應都大同小異，我家也不例外。所有的大人都想盡辦法不讓孩子們接觸與阿綠有關的消息。

然而紙逐漸包不住火，事態的發展宛如是在嘲笑大人們的用心良苦。到了第三天的早上，有人把阿綠的左腳放在神社的賽錢箱上。

事情鬧得實在太大，大人們就算想要掩蓋，也已無能為力。不久之後，大家都已得知新聞媒體將殺死阿綠的凶手稱為「屍體郵差」。

第三天的街上，除了警察之外，還多了一些消防隊員到處巡邏。整個社區裡再也看不見孩童單獨走動的景象。

幼稚園裡頭，每個老師的神情都相當緊張。園裡到處站著警察，每當看見那些身穿制服的警察，笑容就會從我臉上消失。

電視上幾乎一整天都在談論阿綠的事件。原本只是發生在福岡郊區的事件，如今演變成全國規模的重大刑案，「屍體郵差」的名頭轟動整個日本社會。

這起駭人聽聞的事件，最後的結局同樣震驚世人。

就在大人們找到阿綠的左腳後不久，媽媽面色凝重地告訴我：

「他們抓到殺死阿綠的凶手了。」

雖然我還是個孩子，卻也知道只要逮到凶手，事情就會落幕。我心裡正鬆了一口氣，沒想到媽媽的下一句話，反而讓我更加不安。

「是個國中生。」

雖然電視沒有報出凶手的姓名，但消息傳開的時候當然沒有隱私權的顧慮。凶手是一名國中生，十四歲，住在早良區禮乘寺，名叫園部信一郎。又過了兩天的時間，大家連園部父親的職業也知道了。

這起事件的犯案手法相當獨特，屍體竟然在遭到肢解之後被放置在不同的地點，再加上凶手是個十四歲的少年，讓這案子在社會上鬧得沸沸揚揚。明明凶手已經落網，在幼稚園內護衛的警察卻只少了一半左右。到了星期天，幼稚園忽然舉辦了一場臨時會議，邀集所有園生的母親參加。

窗外那些看起來像電視臺記者的人物，反而增加了一倍。他們似乎都在追查著園部信一郎的背景及底細，附近的食堂及加油站彷彿成了他們的補給基地，經常聚集了不少人。

「竟然有人說這是『屍體郵差』帶來的經濟效益，真是胡言亂語。」

媽媽臭著臉說道。但我曾經看她到處向街坊鄰居打聽那個園部信一郎的底細，所以她是不是真的那麼厭惡這起事件，我也說不上來。

「真是太過分了。」

議。

媽媽憤慨地說道。那種早知道聽了一定會心裡不舒服的事情，她卻好像很愛聽，讓我感到相當不可思議。

不過後來我漸漸明白了。說出那種宛如禁忌一般的事情，會讓人產生一種置身事外的安心感。我自己也曾有過這樣的感覺。當我在說到失敗或遭遇不幸的朋友時，不知道為什麼，我會特別感到安心。或許大人和小孩同樣都有這種心情吧。

這次因為話題的主角是阿綠，我當然沒有辦法感到安心。我彷彿感覺胸口開了一個大洞，有著一股難以填補的失落感。我總是聽著電視的聲音及大人們的說話聲，抱著膝蓋不停顫抖。這是一個十四歲少年會奪走五歲女孩性命的世界。我一想到自己也活在這樣的世界上，便感到無比恐懼。

「凶手雖然抓到了，但是他不會受到懲罰。」

我心裡感到納悶不已，忍不住詢問理由。媽媽以彷彿自己的孩子遭到殺害的懊惱表情說道：

「根據法律規定，十六歲以下就算殺了人，也不會被判刑。」

我完全無法理解。

「不用坐牢，不用背負罪責，只會住進類似醫院的地方。不僅如此，他過了幾年就能出來，若無其事地回到社會上。真是沒有天理。」

我不知道天理是什麼意思，但這件事讓我明白，這世界上不如人意的事情實在太多了。包含一個十四歲的少年竟然會輕易成為殺人魔，所有的事情都讓我深深感覺到現實生活中充滿了不合理。

大人們在社區裡的喪禮會場舉辦了阿綠的告別式。除了幼稚園的相關人士之外，還聚集了大量的電視臺記者，幾乎將會場團團包圍。此起彼落的快門聲聽得我心煩，不斷亮起的閃光燈更是讓我頭暈目眩。

在走進會場之前，我偶然跟一個手握麥克風的女記者對上了眼睛。

那實在是個錯誤。

「小妹妹，妳是阿綠的朋友嗎？」

我反射性地點了點頭。女記者將麥克風遞到了我的眼前。

「妳們感情很好嗎？」

「嗯。」

「現在阿綠過世了，妳有什麼樣的心情？」

此時媽媽走到我跟女記者的中間，對著她說道：

「請妳不要採訪年紀這麼小的孩子。」

但對方並沒有退縮。或許她已經相當習慣在採訪孩童的時候遭到家長制止。

「妳知道凶手是個十四歲的少年嗎？年紀只有十四歲，所以不會被判刑。妳對這點有什麼看法？能請妳說一下現在的感覺嗎？」

女人將臉湊了過來，我忽然覺得好可怕，總覺得她的嘴裡一定藏著尖尖的牙齒及長長的舌頭。

「妳不要太過分了！」

媽媽推開女人，拉著我的手走進了喪禮會場。

會場比我原本的想像寬敞得多。祭臺上擺著阿綠的遺照，那照片應該是遠足的時候拍的吧。照片的底下擺滿了阿綠最喜歡的百合花。

會場上到處響起啜泣聲，但是坐在祭臺附近的佐原一家人並沒有哭泣。

我想他們不是不哭，而是已經哭不出來了。

阿綠媽媽的兩眼又紅又腫，一定是哭過了頭，身體裡的水都已經哭乾了。

阿綠爸爸向每個前來弔唁的客人一一道謝。他一直緊繃著臉，似乎在忍耐著什麼。姊姊亞季子則是臉色蒼白，低頭看著地板。

首先，所有的園生一同上前，向阿綠道別。

他們聚集在遺照前，依照大人的指示雙手合十，深深鞠躬。

就在那一瞬間，再也看不到阿綠的事實宛如一道巨大的陰影朝我襲來。

我先聽見了滴答聲響，接著才發現我在落淚。一顆顆淚珠自我的臉頰滑落。

我察覺自己正在發出聲音。那聲音簡直像是從前在動物園裡聽過的河馬叫聲。

到底在為什麼事情難過，我自己也說不出個所以然來。各種複雜的情感在我的腦海中盤旋，眼淚自顧自地不斷滾出。

我們走到了阿綠的家人面前。原本只是看著祭臺發愣的阿綠媽媽，此時蹲了下來，讓視線的高度變得跟我們一樣高。

「謝謝你們今天來看阿綠，阿綠一定很開心。」

我想要回答，喉嚨卻只是不斷發出哽咽聲。

她突然將我們緊緊抱住。

「你們都是好孩子……但是阿姨要告訴你們，這是個沒有天理的世界。」

又來了。又是那個讓我聽不懂的詞彙。但我猜得出來，那意思大概是讓人沒有辦法接受，讓人痛苦萬分。

「殺死阿綠的男孩子，不會受到任何處罰。他只是會被隔離起來，依然可以過著悠閒自在的生活。」

「我媽媽說他遲早會出來。」

「沒錯，那個怪物遲早會回到這個世界，帶著若無其事的表情，彷彿自己沒有做錯任何事。聽說他是個腦筋很聰明的孩子，多半會巧妙地偽裝自己，獲得人人稱羨的地位。」

她的眼神就像是遭到妖魔附身。她說出的話，彷彿是在對自己下著詛咒。

「阿姨好不甘心，好想為阿綠報仇。」

我的心情也一樣。我不知道那個叫園部信一郎的國中生是個什麼樣的怪物，但如果可以的話，我也好想參與報仇的行列。

「阿姨不知道那個怪物什麼時候會出來。但是等他長大的時候，阿姨可能已經是老奶奶了，沒有體力也沒有精力與他對抗。到時候你們願意幫忙阿姨嗎？」

我被她的氣勢壓住了，只能應了一聲「嗯」。

「謝謝妳，謝謝……阿姨會一直記著這句話。以後就靠妳了，洋子。」

# 第一章

## 僞善者的盛宴

1

「總而言之，使用任何手段都無所謂。」

東京看守所的會客室裡，壓克力板另一頭的男人如此說道。明明已是七十一歲高齡，額頭卻泛著油光，再加上有著寬厚的嘴唇，看起來就是一副色胚模樣。御子柴禮司不禁心想，人家說位高者必好色，或許確實有道理。

「國民黨的總裁選舉馬上就要開始了，我的一票可是重如泰山，足以牽動許多派系。御子柴，你應該明白這個道理吧？我如果沒有投票，不僅會改變政治界的勢力狀態，甚至還會改變這個國家的未來，而且還是往不好的方向。」

國會的會期結束之後不久，國民黨眾議院議員豬俣幸四郎因強制猥褻罪遭到逮捕。根據憲法的規定，國會議員在國會的開會期間擁有不逮捕特權，也就是原則上不能加以逮捕。警察只能準備好受害者的供詞及物證，等待獵物進入可以逮捕的安全地帶。

「我是無辜的，你得立刻把我弄出去。」

然而豬俣的嫌疑並非常發生在議員身上的收賄或違反選舉法，而是強制猥褻罪。

「我遇上了典型的桃色陷阱。」

打從御子柴接到委託的一開始，豬俣就是如此主張。事情的始末如下。擔任執政黨農林部會副會長的豬俣，在某次會談之後接受記者們的提問。在一大群記者之中，豬俣看見了一個頗讓自己中意的女人。因為過去從來沒見過她，豬俣特地問了她的身分。原來她是某某大報的政治部新進記者。

報社名稱與任職部門一點也不重要。豬俣在意的只是那女記者的肉體。

「剛剛的會談有一些祕密的對話，如果妳想採訪，等等可以跟我聯絡。」

豬俣朝她低聲說道，同時將名片遞了過去。那是私人事務用的名片，上頭印著手機號碼。

豬俣告訴御子柴，要製造跟女人獨處的機會是輕而易舉的事情，要把女人帶到床上更是易如反掌。在豬俣的想法裡，女記者想要取得獨家消息，拿肉體來換是理所當然的事情。

「說到底，什麼性騷擾，什麼職權霸凌，對六十歲以上的男人根本不適用，因為我們從小到大並沒有接受過那樣的教育。」

他犯的是強制猥褻罪，那跟性騷擾已經不是同等級的事情了。御子柴心裡如此想著，但沒有說出口。

豬俣主張他遇上的是桃色陷阱，是因為他在遭到逮捕之後，新聞媒體開始對他大肆抨擊。報章雜誌完全不提他在施政上的表現，從頭到尾都是針對他的個人品德進行攻擊。

〈整天想著女人，開會時打瞌睡〉

〈把妹時比演講時更口若懸河〉

〈身體比嘴巴老實的男人〉

各大報社及電視臺連日以道德淪喪、不知廉恥等字眼來譴責豬俣，彷彿認為對這種仰仗職權霸凌女性的性犯罪完全不需要手下留情。不管是綜合報還是體育報※，都爭相打起了落水狗，似乎在比賽人身攻擊的技術。

政黨方面，在野黨當然是砲聲隆隆，就連原本應該是自己人的國民黨內女性議員，竟然也發表了譴責言論。女性選民向來是政黨及議員最想要巴結的對象，這樣的反應可說是理所當然，然而豬俁堅稱這是政敵聯手起來對他進行政治迫害。

「這是為了讓真垣總理在下次的總裁選戰中無法第三次連任的陰謀。少了我這一票，局勢將對參加角逐的久留間幹事長非常有利。」

聽到「陰謀」兩字時，御子柴不禁苦笑。越是自我膨脹、無法承認自己不適任的人，越喜歡主張陰謀論。這樣的論點能夠幫助他們逃避現實，沉浸在幸福的氣氛當中。

「下半身哪來的人格？」

豬俁繼續對著辯護人御子柴大放厥詞。

「以這年頭的政治風氣來看，我被當作女性公敵也是沒辦法的事。但身為一個政治家，最重要的是交涉與協商的能力。說得明白一點，政治家不需要人格。重要的是能夠為國家帶來多少利益。要是連說服女人脫光衣服都做不到，要怎麼說服那些背負重大責任的外國代表？」

「謝謝你的金玉良言，但是以上這些話，在法庭上請一個字都不要說。」

「這我當然知道。我只是感慨，這種要求政治家必須道德高尚的風氣實在是很可笑。」

豬俁說得口沫橫飛，足見他心中有多麼憤怒。

「祕書整理了一些網路上的評論及報章雜誌的社論給我看過，說真的實在是太愚蠢可笑，連反駁都只是浪費力氣。這些人最擅長的就是落井下石，只要政府高官或公眾人物一有醜聞，他們就會跟著瞎起鬨。他們能夠過著高枕無憂的生活，全仰賴政府官員的才能及努力，然而他們不但不感謝，反而還大肆批評，政府官員只要有一點生活上的小缺失，他們馬上就見獵心喜。他們難道不明白，這種行為就像是掐死金雞母嗎？」

御子柴並沒有答話。在御子柴的心裡，輿論這種東西本來就一文不值。就算法官或裁判員的想法受了輿論影響，御子柴也有自信靠自己的話術加以扭轉。

豬俣或許是見御子柴不置可否，心裡有些不滿，忽然話鋒一轉，說道：

「你在法律界惡名昭彰，我也有所耳聞。你就是當年的『屍體郵差』，對吧？身為一名律師，你的惡行惡狀甚至連我也望塵莫及。不，就算把政治界的牛鬼蛇神全部加起來，恐怕還比不上你的惡貫滿盈。」

「過譽了。」

「光是雇用你當辯護人，我這個委託人的聲譽也會受到拖累，批評我的聲浪肯定會比過去大。即便如此，我還是願意雇用你，你知道原因嗎？那是因為我相信我的無罪判決能夠為國民黨及整個國家帶來利益。我將會不擇手段地贏得勝訴，所以你也沒有選擇手段的餘地。」

※體育報：日本的體育報雖然歸類為體育類報紙，但內容通常涵蓋演藝、八卦等娛樂新聞，算是八卦報紙的代名詞。

這幾句話說得振振有詞，御子柴聽了卻是暗自竊笑。不論委託人是誰，不論是什麼樣的案子，不擇手段向來是御子柴的做事方針。

但就算把自己的信念告訴委託人，也沒有辦法得到分毫好處。因此御子柴只是說著一貫的論調。

「既然接下了案子，我就會盡我的全力。守護委託人的利益是律師的責任，不管那委託人是性侵犯，還是心理變態，都不會改變我的立場。」

豬俣哼笑一聲，心滿意足地點頭說道：

「想要成功，就是要有這股氣勢。我向來不討厭高傲的人，你就繼續加油吧。」

沒有必要對委託人說出自己打算採用的策略。御子柴草草結束對話，走出了會客室。

近年來雖然政府大力推動司法改革，但在二〇一六年的現在，強制猥褻罪依然屬於告訴乃論。就算嫌犯已遭到逮捕及羈押，只要能夠與被害人達成和解，還是有可能撤銷告訴。一旦被害人撤銷告訴，檢察官當然也沒有辦法逕行起訴。沒有起訴，當然也就不會有前科。

像這一類的案件，重要的不是法庭上的攻防，而是如何在開庭之前與對方達成和解。雖然御子柴在法庭上擁有驚人的勝訴率，在這方面的策略依然與一般的律師大同小異。一旦上了法庭，許多個人隱私都會遭到揭露，因此若能在開庭前把問題解決，對委託人來說當然是求之不得的事情。

現在最大的問題，只在於如何說服提告的女記者撤銷告訴。這次豬俣的犯行會浮上檯面，主因就在於女記者在身上暗藏錄音筆，將兩人的私密對話全都錄了下來，成為關鍵證據。被害人主張進行採訪時隨身攜帶錄音裝置是新聞界的慣例，但目前在新聞節目及社會上流傳的都是經過剪輯後的版本。只要詳細確認原始錄音檔內容，或許就能找到能夠用來談判的籌碼。

只要能夠贏得勝利，就算是要撕裂被害人的尊嚴，踐踏其身為女性的權利，對御子柴來說也是不痛不癢。為了能夠讓局勢對委託人有利，徹底打擊敵方的弱點，使其完全喪失鬥志，也是身為律師的職責。就算會因此而遭到批判，甚至是被視為女性的敵人，也不是什麼大不了的事情。

如何才能找出那女記者不可告人的祕密？御子柴一邊暗自盤算，一邊走進停車場，上了車。雖然事務所的位置從這裡走路就能到達，但接下來的行程並不是回事務所，而是去見前東京律師公會會長谷崎完吾。谷崎聲稱有事找御子柴商量，不曉得到底是什麼事。

谷崎的事務所位在一棟相當老舊的建築物裡。那建築物的風貌就跟谷崎本人一樣老態龍鍾，但除了老之外，還展現出一股莊嚴肅穆、歷史悠久的威儀。那些才開設事務所沒幾年的年輕小夥子，就算想模仿也模仿不了。

雖然不知道谷崎找自己到底有什麼事，但多半不會是什麼好事。如果是好事的話，只要打一通電話或寫一封電子郵件就足夠了。既然要求見上一面，就表示這件事必須保守祕密，而且有交換意見的必要。

「御子柴，勞煩你特地前來，真是抱歉。」

御子柴一進入事務所，立刻被帶進了谷崎的辦公室。據說這間辦公室，連同業也沒幾個人曾經進入過。或許谷崎真的很欣賞御子柴，也或許他只是在捉弄御子柴。不論真相為何，在御子柴的眼裡，谷崎就是一個特立獨行的古怪老人。

此時的谷崎看起來就是一個慈祥的老爺爺，但御子柴一再警惕自己別被那外貌給騙了。如今谷崎已退下會長寶座，卻依然能夠在律師公會裡呼風喚雨，正是因為他擁有過人的政治力與接近恫嚇的交涉能力。若非如此，他年輕的時候也不會得到「鬼崎」這種可怕的稱號。若撇開政治力不談，單論交涉能力，御子柴也不遑多讓。或許正是因為如此，谷崎才會對御子柴抱持好感。御子柴心中這麼猜測，但並沒有獲得谷崎親口證實。

「我聽說你接下了豬俣議員的辯護工作？」

「我剛剛才和他見了一面。」

「他現在是什麼狀況？」

「雖然成了階下囚，依然是一副意氣風發的模樣。他說整件事從頭到尾都是一場陰謀，救他就等於是維護國家的安寧。」

「呵呵，確實很像那個男人會說的話。」

「你們有私交？」

「稱不上特別熟。他所主導的政治派系裡頭，有幾個東京律師公會出身的議員，所以曾經和他在宴席上見過幾次面。你對這個男人有什麼看法？」

「沒什麼特別的看法。」

御子柴在接案子的時候，不會在乎委託人的人格或政治背景，因此只能如此回答。

「對我來說，他跟其他委託人沒什麼不同。」

「我就知道你會這麼說。那個人可以說是集合了老議員與新議員的缺點，既不懂潔身自愛，也沒有道德人望。」

「簡直是個廢物？」

「不，在協商與集資方面，他還算有兩把刷子。他大概告訴你，他的一票將會影響投票的趨勢吧，真是夜郎自大。就算他被關進牢裡，對派系的勢力變化也不會有任何影響。正因為他太過自負，才會因為女人的問題而把自己搞得那麼狼狽。」

對豬俣這個人的評價，谷崎與自己可說是不謀而合。但御子柴不認為此時出言附和對自己會有任何好處，因此只是沉默不語。

「這個案子由我接下，有什麼問題嗎？」

「目前新聞媒體還沒有察覺你接下了這個案子，律師公會裡批評的聲浪也不大。頂多是一些沒口德的傢伙，說這叫『人渣幫飯桶辯護』。」

「真是一針見血。」

「你接下案子的消息一旦在社會上傳開，必定會出現不少誹謗中傷的聲音。但我跟那些社會輿論不同，我得知你接下他的案子，反而對這個案子更加感興趣了。」

「更加感興趣？」

「我期待你的辯護，能夠讓那些高喊『讓無恥議員吃牢飯』的蠢蛋跌破眼鏡。」

谷崎的形象宛如是個年高德劭的賢人，卻常滿不在乎地說出這種尖酸刻薄的言論。這樣的落差，正是谷崎這個人的最大特色。

「逮捕豬俣的聲音，一般輿論甚至大過檢警的立場。當然我並不是主張縱容強制猥褻，但如此詆毀一個尚未受審的嫌疑人的人格，實在不是具節操者應有的態度。」

御子柴心想，要求一群法律門外漢具備節操，本來就只是緣木求魚。但御子柴也沒有把這句話說出口。

「何況要求議員的操行，本來就是錯誤的想法。議員只要具備足夠的政治手腕，能夠在政策中實現自己的政治理念就行了。應該要求操行的對象，大概就只有幼稚園兒童，以及體育競賽的觀眾。」

「多半是因為操行的匱乏，是最容易表現在形象上的特質。」

「只敢躲在匿名的保護傘下批評他人的懦夫，以及那些受了同儕壓力之後輕易跟著搖旗吶喊的趨炎附勢之輩，最近似乎有增多的趨勢。」

「谷崎先生的意思是希望我成為娛樂的提供者？」

「我可沒那個意思，我只是站在旁觀者的角度注意著這案子。」

御子柴再度環顧谷崎的辦公室。聽說這間辦公室若無谷崎的允許，就連事務員也不得擅自進入。

「今天你不是在會客室見我，應該有什麼理由吧？」

「律師公會接到了關於你的懲戒請求。」

「就為了這種事？」

御子柴不禁有些錯愕。自從自己就是當年的「屍體郵差」一事遭人公諸於世之後，律師公會已好幾次在會議上將懲戒御子柴納入臨時動議之中。但這些提案最後都遭谷崎否決了。事實上御子柴自己也不認為這是什麼足以構成危險的大事。畢竟自己並沒有在律師業務上做出任何背信行為，「屍體郵差」云云不過是發生在取得律師資格前的一樁往事。就算有人為此提出懲戒請求，自己也可以提出異議。

「這次的請求提出人並不是律師，而是一般民眾。」

谷崎一邊說，一邊拿出了懲戒請求書的影本及網頁畫面的截圖。

那懲戒請求書的格式，御子柴早已看慣了。對象律師的欄位，當然填著御子柴的名字。然而最重要的請求者的欄位，卻寫著從來沒聽過的名字。

「這份懲戒請求書，只是大量請求書中的一份而已。請求者完全沒有共通之處，住址及性別都完全不同。」

・申請主旨：請求懲戒東京律師公會所屬律師御子柴禮司。

・懲戒事由說明：該律師曾是驚動社會的凶犯「屍體郵差」，當符合懲戒事由。

「其他的懲戒請求書不用看了，申請主旨跟懲戒事由說明完全相同，一字不差。他們都只是拿相同的範本來照抄而已，我從來沒見過這麼輕浮的懲戒請求書。」

接著御子柴望向那網頁畫面的截圖紙本。那網頁畫面看起來像是某部落格的部分內容。

「謝謝你造訪本部落格。

你還記得三十年前的那起可怕的『屍體郵差』案嗎？那起駭人聽聞的事件，可說是讓全國的有識之士墜入了恐懼的深淵。當時年僅五歲的佐原綠小妹妹慘遭殺害，遺體的各部位分別被放置在郵筒上、幼稚園的正門口，以及神社的賽錢箱上，慘狀令人髮指。落網的凶嫌竟然是當時年僅十四歲的少年，更是震驚了全社會。

你知道這名犯罪少年如今在哪裡嗎？

相信許多有智慧且消息靈通的人，都已經得知一個驚人的事實。那就是這名犯罪少年如今化名為御子柴禮司，成為一名律師。沒錯，那個從前被稱作怪物、惡魔的可怕生物，如今竟然披上了聖職人員的外衣，玩起了維護人權的遊戲。

若不是某位有心的媒體工作人員揭穿了這個真相，如今我們都還被蒙在鼓裡。直到今天，御子柴禮司依然以律師的身分，在法庭上胡作非為。打個比方，那就像是縱火狂當起了消防隊員。

御子柴禮司頗有當律師的資質，就算是百分之百有罪的案子，他也可以為被告贏得緩刑，甚至是無罪開釋。但他絕對不是弱者的救星。他只侍奉於那些付得出高額報酬的委託者。不，我們甚至可以說他侍奉的對象不是人，而是錢。

在御子柴禮司這個殺人魔的暗中破壞下，如今我國的司法正面臨重大危機。一個眼裡只有錢的律師，就跟一個口若懸河的金光黨沒什麼不同。只要付得出大把鈔票，不管是什麼樣的壞蛋，御子柴禮司都可以為他服務。只要這個人存在一天，司法就沒有正義可言。不管對象是守財奴、賣國賊、歧視主義分子、反日分子，還是全民公敵都無所謂，御子柴禮司樂於為這些妖魔鬼怪辯護，而且絲毫不引以為恥。

所有的有識之士啊，現在是你們站出來的時候。唯有集合你們每一個人的力量，才能守護這個國家的正義。你們每一個人心中的正義，才能讓這個國家的司法步上正軌。

實際的做法很簡單。只要依照以下的範例，寄出懲戒請求書就行了。必要的項目都已經填妥了，你們只要列印下來，在請求者的欄位填上自己的地址、姓名及電話號碼，郵寄至東京律師公會（〒100-0013東京都千代田區霞關1－1－3律師會館六樓）。請注意格式為A4橫書，裝訂在左側，需郵寄一式五份。

只要律師公會通過懲戒決議，御子柴禮司就會被逐出東京律師公會。一個因懲戒而失去律師公會會員身分的律師，不會再有律師公會願意收留，御子柴禮司在實質上將無法繼續以律師身分執業，這等於是奪走了這個稀世惡魔的能力。我們的目的並不是要取他的性命，只是要防範未然，避免這個人再做出壞事。比起三十年前他那窮凶極惡的行為，我們的作法可說是寬容而仁慈得多。

或許有些人會擔心如果參與這個行動，可能會遭御子柴禮司報復。但是請放心，這些懲戒請求書雖然會同時郵寄給律師公會及對象律師，但在個資保護的原則之下，御子柴禮司本人絕對不可能取得你們的住址及姓名。

只有正義才能驅逐惡魔。

唯有善意才能消滅惡意。

所有的有識之士啊，快付諸行動吧。

把你們的殷切期盼寄託在請求書上。

為了這個國家。

為了你自己。

也為了你的家人。

國家正義。」

御子柴讀完了部落格的內文，只是微微冷笑。

真是拙劣的文章。一篇充滿了一廂情願與自我陶醉的檄文，讓人不禁懷疑作者是個罹患妄想症的國中生。

「你覺得這很荒唐？」

「不僅覺得荒唐，而且我很同情律師公會的事務局必須受理這種垃圾。」

「我的想法也一樣。內容完全相同的懲戒請求書，目前事務局已收到了五百多封，事務員光是拆信就累得人仰馬翻。」

這驚人的數字，再度讓御子柴忍俊不禁。

「光是今天就五百多封，未來想必還會更多。沒有人知道最後到底會有幾封。要是來了幾千封，就算全部無效，也夠折騰事務員了。因為就算是毫無意義的內容，既然收到了，就必須留下紀錄。而且不管有沒有進行審查，律師公會都必須對請求者寄出結果通知書。雙掛號郵資一封八百二十二圓，就算採用簡易掛號，至少也要三百九十二圓。而且律師公會還得將相同內容的通知書郵寄給對象律師及日本律師聯合會，所以成本是三倍。光是現階段，郵寄成本就已將近六十萬圓。」

谷崎的口吻越來越凝重。

「而且這個自稱『國家正義』的傢伙最惡劣的一點，是他散播了不實的訊息。」對象律師也會收到懲戒請求書，這些請求書上頭的個資當然不會事先被塗黑。這意味著所有請求者的個人資料都會落入對象律師的手中。而且在取得律師資格以前的行為，不會成為懲戒的事由，這點在律師公會裡早已是眾所皆知的事實。換句話說，「國家正義」犯了兩個重大錯誤。

「今天你的事務所應該就會收到相同的懲戒請求書。這些請求書本身並沒有任何效力，你想怎麼處置都行。如果你有興致，也可以陪這些人玩一玩。」

谷崎的態度逐漸變得激動。

「這種慫恿一般民眾提出懲戒請求的行為，絕對不能縱容。雖說律師公會向來追求司法公開及服務親民，內部運作必須盡可能透明化，同時必須尊重一般民眾的意見，但是這種濫用懲戒請求制度的行徑，實在帶給我們很大的困擾。這幾年因為律師在媒體上露臉的機會變多了，許多一般民眾開始像這樣胡亂提出懲戒請求。」

由一般民眾提出懲戒請求的制度，在日本行之有年。畢竟不管是在什麼樣的時代，不管是在什麼樣的律師公會裡，必定會有一些律師被一般民眾冠上「惡德」的蔑稱。然而就像谷崎所說的，近年來民眾提出懲戒請求的頻率大增，幾乎可以視為一種異常現象。站在對象律師的立場來看，毫無根據的懲戒請求會造成自我辯護上的負擔，不僅會帶來精神上的痛苦，同時也會造成律師業務的延宕。另外還有一點相當嚴重，那就是缺乏正當性的懲戒請求屬於違法行為，因此這些請求者可能已經犯了法而不自知。

「若說要殺雞儆猴，或許有些失當，但有一些人已主張應該趁這個機會給這些民眾一點教訓，讓他們徹底瞭解懲戒請求的本質。熟悉司法體制並非司法從業人員所獨有的職責，一般民眾也應該要有一定程度的共識。」

御子柴聽到這裡，終於恍然大悟。

剛剛谷崎刻意提及「匿名」及「同儕壓力」云云，其實都只是接下來這些話的開場白。他談到社會大眾對豬俣的匿名謾罵，談到整個社會對品德缺失者那幾近病態的厭惡，都是為了煽動御子柴對那大量的懲戒請求採取因應行動。

「很抱歉，我個人對熟悉司法體制之類的話題絲毫不感興趣。」

「真是巧合，我也不感興趣。」

谷崎粗魯地將懲戒請求書的複本拋在桌上。光從他這個動作，便可看出他對這件事相當不滿。

「因為體制的熟悉，與這些人的行徑完全是兩碼子事。就算建構起再怎麼完善的社會制度，還是會有一定程度的民眾抱持不滿。」

「你打算利用我來排除這一定程度的民眾？」

「這就是以毒攻毒……你別誤會，我這句話只是開個玩笑。」

御子柴面帶笑容，心裡想著「這哪是什麼玩笑」。眼前這個人正是因為把自己當成了「毒」，才會如此慫恿自己。

谷崎曾經擔任過律師公會的會長，外在表現出一副誠摯而溫厚的形象，但他畢竟是曾經被稱為「鬼崎」的人物，一旦認定某些人對自己有害，就會全力加以剷除。說得更明白一點，正因為他敢採取激烈的手段，才能在充滿了牛鬼蛇神的律師公會裡脫穎而出，多年來掌握大權。

懲戒請求的案子年年增加，如果再放任下去，勢必會影響律師業務。谷崎必定是抱著這樣的想法，所以想要及早根絕那些毫無意義的請求，以及那些逾越了本分的主張。律師公會的一般成員如果採行強硬的手段，可能會被視為限制一般民眾的權利而引來批判，但同樣的事情如果是由惡名昭彰的御子柴來做，反而能夠抵消負面的評價。

這老頭外表看起來溫和慈祥，其實胸中城府極深。

「謝謝你事先告知。」

御子柴告辭後轉身離開，背後又傳來了谷崎的問話聲：

「你的事務所還是一樣只有一名事務員嗎？」

「案件不多，一個人就足夠了。」

「但這次的情況比較棘手，這成千上百封的懲戒請求書，光是拆信可能就要花上三天。」

「畢竟只是暫時性的現象，我不打算再招募人手。」

「好吧……如果人手不夠，可以聯絡我，我會派人過去幫忙。」

「謝謝。」

「另外我還想問你一個問題，不過你不必回答我。」

御子柴心裡很清楚，每當谷崎這麼說，他心中必定期待著明確的回答。

「你為什麼要說出自己的來歷？上次那案子，聽說你在辯論的過程中，主動提及了往事。我也不知道這該不該稱之為輕率……總之實在不像是你會做的事。若不是你的來歷曝了光，這次也不會有那麼多無知之輩做出這種愚蠢的舉動。」

「你認為我是自作自受？」

「不，你是主動說出真相，自作自受這個詞似乎不太貼切。若要我選一個詞，我會說是飛蛾撲火。」

御子柴默然不語。在法庭上說出自己的原本姓名及昔日犯行，絕對不是基於自殺衝動或想要傷害自己。御子柴很清楚自己並沒有那樣的性情與傾向。在御子柴當著所有旁聽人說出真相的瞬間，心中沒有一絲一毫的激動或恐懼，依然能夠將全部的心思投注在辯論的議題上。

既然如此，結論只有一個。

「沒有什麼特別的理由。我當時只是認為要讓局勢變得對被告有利，這是最有效的做法。」

谷崎一聽，神情憂鬱地緩緩點頭。

## 2

御子柴回到位於小菅的事務所一看，果然收到了大批的郵件。

「老闆，辛苦了。」

辦事員日下部洋子說道。她嘴上說辛苦了，自己臉上的表情卻看起來更加辛苦。

洋子的辦公桌上有著堆積如山的郵件，以橡皮繩綁成了一捆捆。她大概是打算把郵件都先搬到桌上，再來慢慢處理吧。那一座郵件堆成的小山，高度足足有三十公分，幾乎掩蓋整張桌面，似乎只要稍微坍塌，就會有大量郵件跌落到地板上。

「請問這些到底是什麼東西？剛剛郵差才以推車送了過來。」

懲戒請求書會同時郵寄給律師公會及對象律師，光是今天應該就會收到五百封吧。由於是以雙掛號的方式寄送，每一封都要單獨處理收件手續，光是要全部收下來就得花上不少時間呢。從那些郵件的狀況看起來，洋子似乎一封都還沒有拆開來看。

「就算耗上整個下午，恐怕也拆不完。」

「無所謂，裡頭都是懲戒請求書，內容完全相同，只有請求者的名字不一樣。」

「還沒有拆開來看，老闆已經知道裡頭是什麼了？」

御子柴將剛剛谷崎說的那些話告訴了洋子，洋子聽完之後展開露骨的不悅表情。

「這麼說來，明天跟後天也會收到類似的郵件？」

「不見得只會到後天，有可能會到下星期，或是下個月。」

洋子皺著眉頭，從那郵件的小山中抽出一封，拆開讀了起來。轉眼之間，她眉心的皺紋越來越深。

御子柴忽然想起，自己從來沒有對洋子提過少年時期所犯之罪的詳情，只大致對她說過自己曾因為殺人而被關進醫療少年院，也因為這件事的關係，而與家人們斷絕往來。

然而懲戒請求書內的懲戒事由說明欄裡，白紙黑字寫著自己就是「屍體郵差」。洋子的年紀約三十五歲前後，照理來說應該還記得當年那起案子。不是自己往臉上貼金，當年那起案子如今過了三十年依然能在社會上引發話題，洋子不可能完全沒聽說過。

「……這每一封信都一樣，只有請求者的姓名不同？」

「沒錯，這個自稱『國家正義』的部落客，很貼心地為大家寫好了範本，支持者只要在懲戒請求者的欄位填入自己的地址、姓名及電話號碼就行了。」

「這麼說來，那些懲戒請求書裡頭應該有一封是那個部落客寄來的吧？」

御子柴愣了一下，沒有預料到洋子會說出這句話。

那個部落客雖然在部落格裡公布了懲戒請求書的範例，卻誤以為對象律師不會知道懲戒請求者的身分。而懲戒請求書的格式，其實在律師公會的網站上就能查得到。

仔細想想，這或許意味著那個部落客其實是個門外漢，並不熟悉司法手續。當然還有另外一種可能，那就是他明知道對象律師會取得請求者的個資，卻故意謊稱個資受到保護，藉此陷害那些支持者，把這件事當成了一種遊戲。

「那也不見得，或許他只是煽動他人，自己卻躲在背後看好戲。」

「為什麼他要做這種事？」

「因為有趣吧。別人的失敗，就是他的快樂。」

「像這樣的人，怎麼有辦法煽動五百多個人？」

「關鍵就在於他們以為能夠匿名懲戒律師。在正常的情況下，就算是再怎麼惡名遠播的律師，一般民眾也沒有辦法加以懲罰。畢竟律師熟悉法律，如果隨便挑釁，自己可能反而會遭殃。但如果能夠以匿名的方式發動攻擊，那就不用怕了。更何況還是一大群人一起做這件事，更是讓他們沒有後顧之憂。」

御子柴說到這裡，心裡也不禁有些激動與輕蔑。就是有像這樣的人，當以真面目見人的時候，做什麼事都循規蹈矩，臉上堆滿笑意，然而一旦進入匿名的狀態，就開始恣意妄為，做事再也沒有分寸。正因為失了分寸，所以容易露出破綻，而且沒有辦法深思熟慮。

想起來這些人實在是非常愚蠢。為什麼他們會如此輕率地將匿名與安全劃上等號？他們似乎以為匿名就能夠讓對方看不見自己的身影，但那樣的想法其實大錯特錯。只要將他們最在乎的遮罩輕輕揭開，所有人的真面目馬上就會攤在陽光下。

隱藏自己的身影及姓名，同時也會讓自己看不見對方的身影，無法得知對方的所在位置。因此一旦身分遭到揭穿，大部分的人都會變得毫無反抗能力，偏偏又喜歡死鴨子嘴硬。

御子柴心想，這個部落客或許也是同一類人吧。「國家正義」這暱稱未免太幼稚了一點。光是在暱稱裡加入「正義」這兩個字，就給人膚淺的印象。倘若是刻意要營造膚淺的形象，那也還罷了，假如這部落客完全不知道自己這個暱稱有多麼膚淺，這表示他的智商大概只有國中生程度。說得極端一點，那五百個人可能是被一個只有國中生智商的部落客給輕易煽動了，這是多麼可笑的一件事。

有時御子柴不禁想像，如果在自己還是園部信一郎的時代，世界上有現在的網路系統，「屍體郵差」

會在網路上受到什麼樣的對待？

就連與案情毫無關係的家人，當年在社會上也找不到容身之處。整個社會不斷迫害及排擠他們，稱他們是養出了十四歲殺人魔頭的幫凶。但即便如此，實際上對他們投以謾罵與誹謗的都是住在附近的街坊鄰居，一旦對上了眼，多少還是會留點情面。

相較之下，如果攻擊的對象是「屍體郵差」本人呢？如果可以不用和「屍體郵差」對上眼，自己不管說什麼都能躲在名為「匿名」的保護傘之下，社會大眾會說出多麼毒辣與卑劣的言詞？

「總而言之，綱紀委員會大概不會想要花時間審查這種無聊的東西。懲戒委員會不會有任何舉動，懲戒請求當然也會遭到駁回。」

洋子聽著御子柴的說明，手上的動作卻沒有停下來。她又拆開了第二封及第三封，比對上頭的文字。

「老闆，您猜這些被部落客煽動的人，都是些什麼樣的人？」

「是一群容易被陌生人煽動的人。懲戒請求的過程不可能維持匿名，這是只要查一查律師公會的網站或其他資料就可以知道的事情。這些人被騙得團團轉，連查證的工作也沒做，可見得都是一些膚淺且沒有判斷能力的人物。」

「我剛開始的時候也這麼認為。我原本猜想這大概都是一些二、三十歲年紀，沒有什麼社會經驗，容易囫圇吞棗地相信網路上的資訊，做事魯莽不知謹慎的人。但我看了懲戒請求書上的這些字跡，總覺得事情沒那麼單純。」

洋子這句話引起了御子柴的興趣，御子柴於是拿起那幾張已經拆封的懲戒請求書。一看之下，御子柴已明白洋子想要表達的意思。

每一份請求書上的筆跡都相當工整，其中一份的筆跡甚至有如書法範本一般優美。

過去御子柴看過相當多委託人的筆跡，很清楚筆跡這種東西往往與智慧及年齡有些關係。

這些請求者並非全部都是年輕人。其中包含了一些上了年紀、人生歷練豐富的中高齡人士。

原本這些人的臉孔在御子柴的心中相當模糊。但是就在看了懲戒請求書的瞬間，御子柴感覺自己隱約能看見他們的長相。看見長相的同時，御子柴心頭浮現了另外一個想法。浮現了那個想法的同時，御子柴聞到了錢的氣味。

「我想看看其他懲戒請求書。」

洋子接到指示，繼續拿起未拆封的懲戒請求書，一封封拆開。她的臉上帶著憤慨之色，顯然這些請求者的行為令她頗為惱怒。御子柴看著洋子的側臉，剛剛心中的疑問再度浮上腦海。

這個女人到底知道多少關於自己的事？她為什麼願意跟隨在自己的身邊？

「我想問妳一個問題，不過妳不必回答我。」

這句話一說出口，御子柴忽然覺得有些耳熟。仔細一想，剛剛谷崎曾說過相同的話。

「妳為什麼會在這裡？」

「我不明白這個問題是什麼意思。」

「以前我也問過妳，以妳的能力，要找到工作並不難。只要妳願意，谷崎律師的事務所隨時歡迎妳過去。」

「這個問題，我以前也回答過了。待在這裡對我有好處，除非這裡不需要我，否則我不會離開。」

「妳曾說過妳不怕我？因為妳接觸過太多委託人是殺人凶手，所以已經見怪不怪了？」

「是的。」

「妳知道三十年前的『屍體郵差』案嗎？」

「當然知道，那很有名。」

「那案子很有名，是因為手法太過凶殘的關係。」

「……您好像很希望我害怕？嚇唬我對您有什麼好處？」

洋子顯得有些不耐煩。御子柴一時啞口無言。

「您還想要再犯一次那種案子？」

御子柴霍然起身。

「妳在說什麼傻話？」

「我不說，也請您別說。」

洋子說完這句話，繼續拆起了信。

御子柴登時氣勢全失，愣愣地看著她好一會，才將視線移回懲戒請求書上。

洋子這個女人越來越讓御子柴感到難以捉摸。但她並沒有對自己的律師業務構成妨礙，因此也沒有立刻和她攤牌的必要。

也罷。御子柴在心中告訴自己。畢竟兩個人每天都在事務所裡相處，如果她做出什麼不尋常的舉動，自己馬上就會發現。到時候再來決定如何處置這個女人也還不遲。

御子柴暫時把這件事推向腦袋的角落，繼續看起了懲戒請求書。唯一要觀察的點，就只有請求者親筆所寫的字跡。

這些字跡給御子柴的印象，從剛剛到現在都沒有改變。雖然偶爾也有寫得很醜的字跡，但大體而言字跡都頗為工整。御子柴一封封地看下去，心中的推測逐漸轉變為確信。

這些人並不是懵懵懂懂的年輕人。這些遭「國家正義」慫恿的人，都是思想成熟的成年人。

律師的懲戒請求，是以《律師法》為法源依據。

〔律師法第五十八條　任何人若認定律師或律師法人具懲戒事由，可向律師或律師法人所屬之律師公會提出懲戒請求並附上事由說明。〕

條文允許一般民眾也可以行使懲戒請求權，是因為律師公會屬於自治團體，條文的宗旨在於讓律師公會所擁有的懲戒權限能夠正常發揮作用。但從另一個角度來看，一般民眾向律師公會提出懲戒請求並非憲法所明定的國民權利，充其量不過是律師法所賦予的權利而已。因此若懲戒請求的理由缺乏正當性，或是違背懲戒制度的宗旨，可解釋為違法行徑。

毫無正當性的懲戒請求，會損及律師的名譽及信譽。律師在遇上懲戒請求時必須為自己辯護及處理相關手續，也會造成各種有形及無形的壓力。說得更明白一點，這會構成名譽毀損及業務妨礙。

御子柴再次評估懲戒事由是否合理。

〔律師法第五十六條　律師或律師法人若違反本法，或所屬律師公會或日本律師聯合會的會則，損害所屬律師公會的秩序或信用，抑或做出其他職務內或職務外有失品德的惡行，當受懲戒。」

自己在加入律師公會之後，並沒有做出任何損害律師公會秩序或信用的行徑。或許品德上頗有瑕疵，但還不到可以稱為惡行的地步。少年時期所犯之罪，並不牴觸律師公會及日本律師聯合會的會則，這一點過去早已確認過。換句話說，御子柴是「屍體郵差」這件事，並不足以構成懲戒請求的事由。

除了濃濃的錢味之外，御子柴還聞到了另外一股氣味。

「目前事務所名義的帳戶裡有多少錢？大致的金額就行。」

「昨天我才剛補摺，裡頭有一千兩百萬圓左右。」

一千兩百萬圓，暫時應該是夠了。

「抱歉，這陣子可能會很忙。」

「什麼樣的工作？」

「以名譽毀損及業務妨礙為由，向所有懲戒請求者提出損害賠償要求。」

洋子聽得目瞪口呆。

「妳先處理今天收到的這五百封吧。向所有人寄出研擬提告的存證信函。」

「可是……」

「要附上和解條件，和解金一律為一百五十萬圓。先寫出一份範例，只把對方的姓名及地址換掉就行了。他們以這個方法提出懲戒請求，我們也以其人之道還治其人之身。」

一百五十萬圓這個和解金額，並非毫無根據。平成二十二年九月，某律師向某個素未謀面且沒有利害關係的民眾提出告訴，指稱其提出的懲戒請求並無充分事由，屬於違法行徑。東京地院最後判決被告須賠償一百五十萬圓。這起判例與這次的狀況相當類似，要求相同的和解金額可說是十分合理。

大多數民眾接到律師寄來的存證信函，都會嚇得手足無措。御子柴推測那些懲戒請求者應該大多會選擇和解，堅持不和解的人，大概會有好一陣子沒有辦法安心睡覺吧。

「但有些人可能還是會選擇上法院。民事訴訟原則上由被告住所地之法院管轄。我看了好幾封請求書，上頭的地址遍及全國各地，並非都住在首都圈內。我們事務所只有您一位律師，要是同時跟這麼多人對簿公堂，絕對忙不過來。」

「我們可以聘請律師幫忙出庭。」

洋子一聽，再度瞪大了眼睛。

「在法律界打滾的人，都很清楚這年頭有太多年輕的律師找不到工作，甚至有不少律師只能選擇從事別的行業。我們雇用這些律師，以日薪計價，就算加上交通費，也花不了多少錢。」

日本自一九九九年起，開始推動司法改革，而制度改革的重點之一，就是增加司法人員的人數。原本全國只有約五百人的司法考試合格名額，到了二〇〇六年時增加至兩千人以上。二〇〇六年的日本經濟有「小泡沫」之稱，而且債務人向金融業者索討過度繳息金※的風氣也剛好達到顛峰，經濟景氣加上人力

※過度繳息金：過去日本的金融業者所訂定的貸款利息，往往處在《利息限制法》與《出資法》之間的灰色地帶，導致債務人支付了過多的利息。後來有許多債務人為了討回過度支付的利息，而透過律師提出申訴或訴訟。

不足，使得許多司法考試合格者選擇成為律師。

然而到了二〇〇八年，全世界突然爆發了金融海嘯。日本的經濟登時跌到谷底，許多企業為了減少支出，結束了與律師事務所的顧問契約。而且在政府修訂了《貸金業法》之後，索討過度繳息金的案子也大幅減少，讓律師業界頓時進入了寒冬。要恢復供需平衡，並非短時間之內可以實現。如今日本全國的律師依然處於過多的狀態，有些律師甚至連律師公會的會費也繳不出來。

「這是我的工作，我不會有任何怨言，但是我想請問，您這麼做有何目的？」

「我剛剛已經告訴妳了，目的是索討損害賠償及和解金。對象超過五百人，就算每一件都以十萬元和解，扣掉費用之後還是有不少的利潤。」

「就只為了這個目的？」

「民事訴訟只會有兩個目的，一是挽回名譽，二是要錢。現在我要妳做的事，也是一樣。」

洋子放棄繼續提問，轉身走向自己的座位。

事實上御子柴心中還有其他的盤算，但並不打算告訴洋子。

隔天，御子柴再度造訪了谷崎的事務所。

「噢，你要回敬所有的請求者？」

谷崎聽完了御子柴的做法，臉上依然帶著笑容，儼然是個慈祥的老爺爺。

「就算真的要出庭，也可以雇用其他的窮律師，簡直是把窮人榨乾的手法。對每個不擅長跑法院的一般民眾寄出存證信函，真像是你的風格。」

「多謝誇獎。」

「沒錯，我的確是在誇獎你。對於那些只是因為景氣好就選擇當上律師的傻子，以及那些以為可以跟著別人瞎起鬨來發洩平日怨氣的蠢蛋，我可是一點也不同情。」

從谷崎那宏亮的嗓音，可以聽出他的心情相當好。他多半早已預期御子柴會向那些懲戒請求者提出損害賠償要求，只能說這個男人不愧是隻老謀深算的老狐狸。

「我可以透過律師公會，仲介一些找不到工作的律師給你。這麼一來，他們也能有一點收入，可說是一舉兩得。」

原來如此。御子柴暗想，原來背後還有這層利害關係。

任何人都不敢違逆仲介工作給自己的人。谷崎雖然曾是公會會長，在公會內擁有崇高地位，還是經常像這樣想盡辦法拉攏人心，藉此掌控大權。自己受了他的慫恿，決定對懲戒請求者提出損害賠償要求，說穿了不就跟遭到部落客慫恿的懲戒請求者沒什麼差別？

「看來我也逃不出谷崎前會長的手掌心。」

「別說得這麼難聽，我所做的事情，只是盡可能為所有相關人士謀求最大利益。何況你既然決定反擊，必定是胸有成竹，不是嗎？」

「如果沒有一點勝算，我也不敢輕舉妄動。」

「以你的聰明才智，應該早已預期這些懲戒請求者也會找律師幫忙打官司。但你還是決定提出損害賠償要求，那是因為你猜到只要是隸屬於律師公會的律師，要為這種案子辯護都會有些遲疑。」

谷崎這句話，可說是一針見血。御子柴聽見谷崎說出了自己心中的臆測，實在感覺有些不太舒服。

近年來常有律師在綜藝節目中亮相，再加上廣告宣傳的自由化，讓許多律師在社會上的知名度有著顯著的提升。然而越是知名的律師，越有可能遇上公開遭到譴責的狀況。最近這幾年讓各律師公會視為燙手山芋的大量懲戒請求，其實也是源自於相同的理由。如果是完全符合會則規定的正當懲戒請求，當然沒有問題。然而實際上大部分的懲戒請求都是情緒性的行為，說穿了只是心情受到名人的發言所影響而已。日本律師聯合會早已通告各律師公會的會長，當收到不具正當性的懲戒請求時不要受理。在這樣的局勢之下，御子柴向「國家正義」部落客所慫恿的懲戒請求者提出損害賠償要求，可視為律師公會對這些人發動的反擊。因此任何一名隸屬於律師公會的律師，要是敢為那些懲戒請求者辯護，應該都會承受如坐針氈的壓力。

「雖然討厭你的律師不少，但是敢跟律師公會作對的律師不多。何況一般的律師，也不會是你的對手。」

谷崎這兩句話同樣說得犀利，但御子柴沉默不語，並沒有多做回應。

「不過你決定提出損害賠償要求，我相信目的不會只是為了錢和挽回名譽。」

谷崎凝視著御子柴的臉，彷彿正以御子柴的反應為樂。御子柴不禁心想，要當一隻老狐狸，果然必須具備敏銳的洞察力。

「當我採取行動，對方應該也會有所反應。」

「你想把那個『國家正義』逼出來？」

「現階段無法確認這個部落客是否也寄出了懲戒請求書，但只要對所有請求者發動攻擊，我認為對方應該無法坐視不管。」

「為了攻下城池，必須先把護城河填平，對吧？不過你竟然會對那個部落客感興趣，倒是讓我有些意外。一個只能率領烏合之眾的傢伙，說到底也不過是個無能之輩。」

「就算是無能之輩，也必須及早剷除，才能避免相同的事情再度發生。」

御子柴這句話，其實只是在敷衍谷崎而已。

以煽動自詡為好人的糊塗民眾為樂的傢伙，在這世界上可說是多如牛毛。尤其是具有高度匿名性的網路社會，更是這種人的溫床。就算剷除了「國家正義」，未來還是會出現第二個、第三個「國家正義」，而且同樣會有大量的笨蛋遭到慫恿。

御子柴對這個部落客感興趣，是因為對方所寫的文章透著一種奇妙的氛圍。那篇文章說得振振有詞，能夠充分刺激讀者的正義感，可說是一篇相當典型的煽動文。但除此之外，字裡行間還散發出一股莫名的執著。那不是以社會正義為己任的誇大妄想，也不具隔岸觀火的輕佻，而是一種彷彿發自內心陰鬱處的強烈惡意。

這種惡意不容易化為文字。若要勉強加以形容，那是一種「人性曾經有過缺陷」的人才能夠感受到的野獸氣息。畢竟只是一種難以名狀的感覺，當然沒有必要向谷崎解釋，何況就算解釋了，他也一定無法理解。

總而言之，御子柴想要親眼確認這個部落客到底是何方神聖。既然他躲在那個名為網路的巢穴裡，只好想辦法燒一些濃煙，把他逼出來了。

「我有個提議。」

谷崎不知是否看穿了御子柴的心思，忽然如此說道。

「既然你也想要逼出懲戒請求的煽動者，律師公會與你站在同一陣線。逼迫野獸出洞的煙霧，當然是越嗆鼻越好。」

御子柴立刻聽出了谷崎的言下之意。

「所以我建議你乾脆對外公布，你將會對所有懲戒請求者提出損害賠償要求，如何？」

發自賢人口中的陰謀，自然有著一股難以言喻的懾人氣勢。

「除了在東京律師公會及日本律師聯合會的網站上公布之外，建議再找來三大報的司法記者，請他們寫成新聞。相信只要一天的時間，消息就會在網路上擴散開來，『國家正義』及其支持者們應該也會立刻做出回應。只要趁現在立刻反擊，應該就能將請求者的總數壓在五百多人。」

御子柴完全沒有想過可以運用媒體的力量，此時聽到谷崎這麼提議，著實吃了一驚。畢竟媒體向來是御子柴的敵人，御子柴不曾將念頭轉到這方面也是理所當然的事情。相較之下，谷崎經常必須以公會代表的身分面對媒體，所以才會想出這樣的策略。御子柴當然沒有反對的理由。

「好，那就麻煩你安排了。」

御子柴輕輕行了一禮。驀然間，一個想法閃過心頭，讓御子柴整個人愣住了。

利用大眾媒體恫嚇煽動者與其支持者……這或許早在谷崎的盤算之中。自己只不過是他實現計畫的一顆棋子。

御子柴望向谷崎，後者的表情就像是個掌握了所有盤面變化的棋手。

## 3

這張也是。

啊，這張也是。

洋子一面確認著懲戒請求書上的筆跡，一面在心中咕噥。好幾份請求書雖然放在不同的信封裡，但內容除了姓名之外完全一樣。不僅地址及電話號碼相同，就連筆跡也如出一轍。更誇張的是姓名中的姓氏也相同，顯然是同一個人利用全家的名義寫了許多份請求書。如果是在家人的同意下代筆撰寫，或許問題還不大，但倘若家人毫不知情，這恐怕會衍生出其他的問題。

洋子的腦中浮現了一些可怕的想像畫面。不僅可怕，而且多半距離事實不遠。這個人多半是在部落客的煽動之下，開始以正義使者自居，而且因為情緒過於激動的關係，甚至還以家人的名義寄出了懲戒請求書。存證信函會分別寄送給每個請求者，因此不難想像當家人在一頭霧水的情況下收到了存證信函，看見了裡頭的求償內容之後，會產生什麼樣的反應。好一點的情況，是全家會召開家庭會議；但如果是壞一點的情況，可能會造成家庭支離破碎。

洋子想到這裡，實在感到有些於心不忍，問題是御子柴的命令還是得照做才行。只好將這些想像拋出腦外，繼續將請求書上的地址、姓名及電話號碼輸入電腦之中。這些資料會直接貼在存證信函上，等於是同時製作清單與書信內容。

像這樣拆信及輸入資料的工作，洋子已做了兩天。由於還有其他案件的資料必須處理，所以相當花時間，沒有辦法迅速完成。

懲戒請求書的總數，第一天為五百二十一封，第二天為二百二十五封，今天是第三天，到目前為止已收到了八十四封。幸好昨天日本律師聯合會及東京律師公會的網站上都公布了御子柴將提出名譽毀損及業務妨礙的損害求償，業內人士大多推測懲戒請求書的數量從今天之後應該就不會再增加了。如今洋子已開封了八百三十封懲戒請求書，光是輸入請求者資料的枯燥動作，就是一件相當痛苦的事情。這間事務所裡的事務員只有洋子一人，白天御子柴又不在，洋子只能獨自默默做著這件工作。

洋子不禁陷入了沉思。

自從御子柴宣布要對懲戒請求者發動反擊之後，原本對「國家正義」的主張大表贊同的支持者們，態度有了一百八十度的轉變。那強烈的反差甚至已逾越了悲劇的範疇，可以稱之為一場喜劇了。不，或許當事人眼中的悲劇，在局外人的眼裡就只是一場喜劇。

說到底，罪魁禍首還是那個部落格。支持者們把那個部落格當成了聊天室，經常在裡頭閒聊懲戒請求的進展及互相報告近況，本來氣氛相當融洽。洋子往前回溯上頭的留言，發現到昨天五月三十一日下午兩點，也就是律師公會對外發布消息之前，整個留言板瀰漫著一股異常的激昂氣氛。

說穿了，那激昂的氣氛皆來自於膚淺的正義感。犯罪少年從前曾經殺害五歲女童，在社會上引發軒然大波，卻因為受到《少年法》保護，得以逃進醫療少年院躲避譴責。而如今少年竟然變成了律師，在法律的世界裡過著逍遙的生活。據說他靠著收取天價的律師報酬來牟利，現在已躋身富人階層。絕不能原諒這種人！為什麼一個殺人凶手，能夠過著比我更好的生活？

一定要讓他受到懲罰才行！如果加害者不必受到應得的懲罰，日本還算是什麼法治國家？就算當年因為《少年法》的關係，無法將他定罪，至少現在也應該要將他從社會上抹除，否則社會正義難以伸張。

幸好我們一般民眾也擁有懲戒請求的權利。真的應該要感謝「國家正義」，是他告訴了我們這個權利。而且他還貼心地公布了懲戒請求書的格式與範例。

如今在正義的號召之下，我們的同志已超過一千人。這些人都是憂心社會不公、追求和平與正義、擁有善良仁慈之心的勇者。我們擁有制裁惡劣律師的武器，那寫上了名字的懲戒請求書，就是我們的武器。這些懲戒請求書就像是一根根的箭矢，已朝著御子柴禮司射出。等著挨受我們的正義之箭，滾出法律界吧！

支持者們的留言，充塞著自我陶醉與自以為是的正義。甚至有人提議應該讓這個運動繼續壯大，使其成為一個民眾監督組織。那就像是一場舉辦在封閉空間內的熱鬧祭典，慷慨激昂的音樂聲及雄壯威武的吆喝聲中，每個參加者都不由自主地變得熱血沸騰。

然而律師公會及日本律師聯合會所公布的消息，就像是給了他們一記當頭棒喝。

怎麼會有這種事？我們明明是正義的一方，為什麼會被求償？

在正常的情況下，這些人之中本來應該會出現一些冷靜的意見，阻止事態演變到不可收拾的地步。但是那受到眾人吹捧的部落客，卻向大家強調懲戒對象不可能採取任何法律手段。他告訴眾人，懲戒請求是以匿名的方式進行，支持者不可能收到訴狀，既然不會收到訴狀，當然也就不用上法院。

雖然有一名支持者放心不下，向律師事務所求證部落客的說法，但那時已經太遲了。對象律師將發動反擊的消息瞬間變成了網路新聞，著名律師及有識之士的發言更是打碎了支持者們心中的最後一絲希望。

「依照以往的判例，御子柴律師提出損害賠償要求的主張具正當性，一個人的賠償金額約在一百五十萬左右。」

「懲戒請求權是國民的權利、請求是以匿名的方式進行云云，根本都是錯誤的訊息，為什麼這些人沒有自行求證就採取行動？」

支持者們的激昂化成了絕望，雄壯的吆喝聲也變成了哀戚的慘叫聲。

「怎麼會變成這樣？」

「我們只是想要伸張正義而已。」

「我以為我們能夠改變這個世界。」

「制裁壞人有什麼不對？」

「我們只是不懂法律而已。人家不是說不知者無罪嗎？為什麼這個國家的法律要處罰不知道的人？」

「我根本付不出一百五十萬！」

「應該要有人出來負責！」

自從一些有識之士對此事發表了看法之後，部落格的經營者就躲了起來，不再做出任何回應。許多支持者詢問接下來該如何是好，那部落客卻像消失了一樣。

轉眼之間，留言板上哀鴻遍野，充塞著推卸責任、起內鬨、求饒、唉聲嘆氣與逃避現實的聲音。這些對法律一知半解的門外漢大多依然是一副不見棺材不掉淚的態度，更是讓事態持續惡化。少部分狗急跳牆的支持者開始聯繫各方律師，懇求他們出面保護善良百姓，協助對抗萬惡的御子柴。但這些被支持者們視為最後希望的律師，全都選擇保持緘默，不肯蹚這趟渾水，更是讓支持者們的舉動顯得滑稽。

洋子看著發生在那部落格裡的騷動，心裡不禁感慨人類真是一種愚蠢的生物。任何正式的法律行為，都不可能以匿名的方式進行。匿名懲戒他人的行為，基本上就跟霸凌沒有兩樣。為什麼這些人如此沒有警覺心，竟然不知道這種想要私自懲戒他人的心態可能會害自己惹上麻煩？

自昨天的下午兩點之後，事務所開始陸續接到想要和解的電話。接電話也是洋子的工作。這些電話一接起來，洋子立刻明白自己的直覺並沒有猜錯，從這些人的說話口吻，可以聽出他們都是有一定年紀的大人。

洋子本身並沒有和解的交涉權，但如果對方表示付不出御子柴所要求的一百五十萬圓，洋子就必須進一步確認對方的經濟狀況。在一問一答的過程中，洋子發現這些人都有一定程度的社會地位，實在不像是會玩這種幼稚的正義使者遊戲的人。

來電者的年紀大多超過四十歲，甚至還有七十歲的高齡人士，完全沒有十幾、二十歲的年輕人。職業多是家庭主婦、中小企業的經營者，要不然就是公務員，基本上都屬於中產階級。他們就只是非常平凡的一般民眾，擁有一些社會歷練，懂得與公司同事或住家附近的街坊鄰居和平相處。像這樣的一般民眾，卻在網路社會上相信了部落客「國家正義」所發出的虛假訊息。

洋子不禁感慨，或許社會歷練與智慧沒有辦法劃上等號。這些人可能都已經把過去人生所學到的教訓忘得一乾二淨了。

雖然這些事情都與洋子無關，洋子還是感覺到一股無奈壓著心頭。就在這時，事務所的電話再度響起。洋子心想，多半又是懲戒請求者打電話來想要和解吧。

「喂，御子柴法律事務所。」

〈呃……關於懲戒請求的事……〉

果然不出所料。但是那聲音似乎使用了某種變聲裝置，聽起來很不自然，無法判斷性別及年齡。

「您已經向律師公會寄出懲戒請求書了嗎？」

〈寄了……我自己跟兩個家人，總共三份。〉

「事先是否經過兩位家人的同意？」

〈呃……我只是借用了配偶及孩子的名字。請求書上的地址和名字都是我寫的。〉

又是個過度天真的人。洋子很想給對方一些良心的建議，但事務員隨便提供意見屬於越權行為。

「我們會對所有懲戒請求的提出者，以律師的名義寄送存證信函。」
〈這我知道，網路新聞上都說了。你們以要求損害賠償作為反擊手段，對吧？〉
「請問您有什麼打算？」
〈一個人一百五十萬，我們家三個人就是四百五十萬，我根本拿不出這筆錢。〉
「您可以選擇和解協商。」
〈嗯，我就是打算這麼做，所以我希望……〉
「抱歉，我只是事務員，沒有辦法進行金額的交涉，必須請律師親自跟您談。如果方便的話，請說明您目前的經濟狀況。」
〈不，我就是要跟妳談。〉
對方突然壓低了嗓音說道：
〈你們那個律師的名頭相當響，聽說是個見錢眼開的傢伙。〉
洋子不禁開始懷疑對方是否具備一般的常識。就算是事實，這種話也不應該對想要達成和解的對象說出口。但洋子轉念又想，或許正是因為缺乏最基本的常識，所以才會被那個部落客耍得團團轉吧。
〈不管是要打官司，還是要和解，反正他就是想要把我們這些窮人榨乾就對了。〉
「聽您的口氣，似乎不希望和解？」
〈我一毛錢都不會付，但我可以答應你們，以後不會再對御子柴律師提出懲戒請求，也不會針對他過去的罪行做出毀謗中傷的行為，條件是他必須放棄向我求償。這樣對我們雙方都有好處，也不用再把時間

浪費在這種事情上，可以算是雙贏的做法，對吧？〉

洋子不禁有些啼笑皆非，只能盡量不讓自己的心情流露在口氣裡。

「我推測御子柴律師不會接受這樣的和解條件。」

〈妳好像腦筋不太好？我這個條件不是對律師提出，是對妳提出。妳要設法幫我說服律師。〉

「恐怕有困難。求償金額為一百五十萬圓，您如果不願意支付這筆金額，就必須提出等價的條件。光是約定以後不再做出毀謗中傷的行為，恐怕沒有辦法成為交換條件。」

〈妳根本沒有搞清楚狀況。聽好了，你們是法律的專家，我卻是門外漢。〉

既然是門外漢，當初就不應該企圖依循《律師法》扼殺一名律師的職業生命。

〈你們要求門外漢和專家在專業領域裡對決，基本上就是一種霸凌的行為。律師的工作本來應該要鋤強扶弱，不是嗎？〉

洋子逐漸感到心情煩躁。雖然洋子向來對自己的自制能力有信心，但聽了如此強詞奪理的言論，還是忍不住想要說出以自己的身分不適合說出的話。

〈這件事對我來說，簡直就是天上飛來的橫禍。妳想想，一個混蛋把年僅五歲的女童殺了，還把遺體切成好幾塊，卻因為年紀只有十四歲，所以不用背負刑責。而且住在少年院裡的生活費，還是我們納稅人的血汗錢，這不是太荒唐了嗎？這混蛋現在竟然還變成了律師，舉辦司法考試的傢伙是不是腦筋有問題，竟然會讓這個混蛋合格！光是任憑一個犯罪者逍遙法外就已經是天大的錯誤，竟然還讓他成為一個律師，天底下絕對沒這個道理。〉

「總而言之，如果您想要進行金額的交涉，請直接與律師談。」

〈唉，同樣的話不要讓我講第二次好嗎？妳如果還有一點慈悲心，就應該要同情我的處境才對。〉

像這樣強迫他人同情自己的人，在社會上倒也罕見。但洋子仔細回想，從前學生時期也曾遇到一個。那女人不僅是個自戀狂，而且什麼事都想要依賴別人，只要遇上任何不如意的事情都會認為是他人的陰謀。洋子原本以為這種人應該很少，但實際上或許還是有一定的數量。

〈我就是人太好，太容易相信別人，才會發生這種事。跟你們那個律師剛好相反。〉

洋子心想，終於有一件事情能夠達成共識了。御子柴這個人確實完全不相信他人。不過正是因為他的疑心病極重，才能在法庭上獲得最後勝利。

〈我們都是善良百姓，只是遭到慫恿而已。畢竟我們都有孩子，當然會希望「屍體郵差」受到制裁。〉

洋子心想，這只是推卸責任的藉口。這些人會爭相寄出懲戒請求書，最主要的原因並不是憎恨「屍體郵差」，而是因為他們以為這件事能夠在匿名的情況下完成。如果他們事先就得知御子柴可以取得他們的姓名及住址，他們絕對不會採取行動。這一點從御子柴宣布反擊之後，這些人的慌張態度就可以獲得印證。

〈我們只是在做對的事情，卻被當成了壞人，整個社會都在罵我們愚蠢……我只是借用了家人的名字，如今在家裡也遭到責罵，如果還得付出高額的賠償金，不是太可憐了嗎？〉

洋子的腦海浮現了「自作自受」這句話。繼續聽這個人抱怨下去，對自己的精神狀態恐怕會有不良影響。

「總而言之，您如果想要和解，請和律師談。」

〈妳到底是腦筋差，還是聽力差？我可是有小孩的人，連一萬圓的閒錢也沒有。不是我不付，而是根本沒有錢付。付不出來的東西就是付不出來，所以你們只能接納我剛剛提出的條件，將這件事當作沒發生過……〉

「繼續談下去似乎沒有意義……」

洋子正要將話筒移開耳邊，話筒中忽然傳來怒吼聲。

〈我這麼低聲下氣地求妳，妳未免太高傲了吧？妳聽不出我已經拿出誠意了嗎？妳要是不當一回事，過陣子妳一定會後悔。〉

「你這是在恐嚇嗎？我可要提醒你，事務所的所有電話都會錄音存檔。」

〈那又怎麼樣？〉

對方的口氣變得和剛剛完全不同。

〈妳一定是認為我不知道妳的長相和名字，所以妳不管對我說什麼，我都拿妳沒輒吧？哼，「國家正義」曾經說過，你們那間事務所非常小，裡頭沒幾個人。你們事務所在哪裡，我也一清二楚。事務員小姐，我只要在事務所的前面守著，馬上就能知道妳的長相和名字，到時候妳的處境，就會和現在的我們一樣。〉

洋子緊緊握著話筒，整個人僵住了。

〈耗子被逼急了，也會反咬貓一口。如果你們不以剛剛的條件和解，我也只能跟你們拚了。妳是御子

柴律師的事務員，當然也逃不了責任。過陣子不管妳發生什麼事，都不要怪我。〉

「你要是敢亂來，我一定會報警。」

〈妳以為我會等到警察來嗎？〉

對方說完便掛斷了電話。

洋子回過神來，發現抓著話筒的手掌全是汗水。過去雖然接過幾通以御子柴為對象的恐嚇電話，但自己成為遭恐嚇對象的情況還是第一次。

等到御子柴回來，該怎麼向他報告呢……洋子正煩惱著，陡然間察覺自己犯了一個相當大的錯誤。竟然沒有問對方的姓名及聯絡方式。

離開事務所的時候，洋子刻意等到其他辦公室有人走出來，才跟著那個人一起下樓。雖然電話裡的人應該只是口頭恫嚇而已，但為了保險起見，還是盡量別讓任何人知道自己在御子柴法律事務所工作。

直到抵達了小菅車站，走進了人群之中，洋子才終於放下了心中的大石。

洋子從小菅搭乘伊勢崎線，前往晴空塔。今天洋子跟某人約好了要見面。兩人相約碰面的地點，是東京晴空街道裡的一家法國料理餐廳。洋子雖然沒有去過，但既然是東京晴空街道裡的餐廳，當作約會地點應該是不會太差才對。根據天氣預報，降雨機率為百分之五十。洋子雖然有點擔心會下雨，但沒有準備雨衣，只披了一件淡紫色的針織外套。這種服裝就算淋濕了，也不會心疼。

偏偏在這種要約會的日子接到恐嚇電話，真的是太掃興了。但今天的約會早在一個星期前就約好了，總不能臨時取消。

東京晴空街道的周邊一帶燈火通明，氣氛和小菅車站截然不同。走進街道內，兩旁的餐廳每一間看起來都相當高級，彷彿時代的不景氣與這裡的店家毫無關係。

在店員的引導下走進店內深處，便看見知原徹夫已坐在預約好的座位上。

「久等了。」

「我也剛來。」

雖然是老掉牙的說法，但聽起來不像是在譏諷。唯一的缺點，是身上的亞曼尼牌服裝在這種地方有些太過搶眼。看來這個人並不曉得，就算是高級的品牌，一旦出現在不合適的場合，也會看起來和周圍格格不入。

洋子與知原是透過共同的朋友介紹而認識。知原今年三十九歲，職業是某外商的顧問，長相稱不上帥氣，但也沒有醜到讓人不想坐在他的身邊。

「工作辛苦了。」

知原挑選的葡萄酒，有著黑色的瓶身，標籤上寫著「Chateau du Tertre」。不用看價格表，也知道這應該是頗為昂貴的酒。拿起玻璃杯一掂，也是又輕又薄。聽說越薄的玻璃杯，製作上越困難。可見得不管是葡萄酒還是玻璃杯，都是十足的高檔貨。

洋子很清楚知原對自己抱持好感。像這樣邀請自己吃飯，知原的心裡一定期待著今天不會只是吃個飯就結束了。

到了三十五歲年紀，腦袋總是不由自主地浮現「結婚」兩字。畢竟洋子並不打算單身一輩子，對異性也並非不感興趣。何況自己並不討厭煮飯跟做家事，就算走進了家庭，當個稱職的妻子應該不是問題。

「乾杯。」

兩人的杯子輕輕碰觸。洋子含了一口葡萄酒，在嘴裡細細品嚐。好的葡萄酒，只要喝第一口就能感覺得出來。這酒一點也不苦澀，對口頰及舌頭的刺激恰到好處，而且強勁的滋味持續了很長的時間。果然是相當高級的葡萄酒。

服務生彷彿終於等到了洋子出現，立刻將料理一道道端上桌來。店內的氣氛就像是神奇的調味料，讓餐點的美味更增添了兩分。尤其是在發生了不愉快的事情之後，更是讓洋子陶醉在這樣的用餐環境之中。

「妳看起來好像很累。」

知原一邊吃著前菜，一邊投以疑問的眼神。看來他的觀察力不錯，能夠從他人的表情中看出端倪。

「今天並沒有特別累，工作不就是這樣嗎？」

「倒也不能這麼說，妳在律師事務所工作，不僅要遵守保密義務，而且應該有不少難搞的委託人，一定比我的工作累得多。」

「你做顧問工作，應該會知道許多公司的內情，要保密的事情應該也不少吧？」

「是這樣沒錯，但至少不會牽扯到他人的生死。」

每當知原說出像這樣的話，總是讓洋子感到有些不舒服。乍聽之下好像只是一句客套話，實際上卻是在探洋子的口風，其目的是要確認洋子在律師事務所裡做的都是些什麼樣的工作。而且連一個三十五歲的平凡女人也能聽出知原的話中意圖，可見得他的話術實在不怎麼樣。

「我看了新聞，你們事務所現在應該亂成了一團吧？」

洋子曾經將自己上班的地點告訴知原。只要在網路上搜尋「御子柴」，就能知道御子柴的法律事務所收到了大量的懲戒請求書，而且為了反擊，御子柴將對所有人提出損害賠償要求。

「聽說懲戒請求書的數量將近一千件，全部都要靠人工的方式處理，但事務員只有妳一人，不是嗎？」

「這也是沒辦法的事。畢竟我是事務員，處理事務是我的工作。」

「可是……」

知原停下了握著叉子的手部動作，將身體湊了過來。

「你們事務所的律師……不是那個『屍體郵差』嗎？這一點，妳能夠接受？」

洋子心想，他果然問了這個問題。

知原顯然是個藏不住心事的人，洋子見他臉上流露出好奇心，就已猜到他要問什麼。

「什麼意思？」

「那個人可是『屍體郵差』，妳跟他在事務所裡獨處，不會害怕嗎？」

「不會。」

洋子淡淡地回答。要是用了什麼奇怪的語氣，一定又會引得他追問個不停。

「妳真有勇氣。要是我的話，若不在身上帶一點防身的武器，可不敢走進事務所上班。」

這句話乍聽之下是在關心洋子，實際上完全沒有顧慮到洋子的心情，幾乎就像是一句風涼話。知原完全沒有察覺自己的失言，由這點也可以看出他是個心思不夠細膩的男人。

若光看表面上的條件，知原確實是個相當合適的結婚對象。但畢竟結婚之後就是一生的伴侶，知原的這些缺點實在讓洋子無法睜一隻眼閉一隻眼。看在其他女人的眼裡，或許會認為洋子的要求太過嚴苛，但洋子看過太多不好的案例。女方在結婚前如果過度注重男方的經濟能力，最後往往會導致雙方對簿公堂。正因為如此，洋子才再三提醒自己要謹慎小心。

對洋子而言，在法律事務所工作的最大煩惱，並不是什麼保密義務，而是會看見太多人性的醜陋面。面色慈和的好人、鶼鰈情深的夫妻、一帆風順的業績、腳踏實地的企業經營者……就算是表面上看起來相當正派的人物，一旦進了法律事務所，也會露出醜惡的一面。尤其御子柴的問話能力相當高明，更是讓這些人的本性無所遁形。由於親眼目睹過太多負面案例，如今洋子就算看見條件不錯的男人，也會抱持懷疑心態。

知原似乎想要靠著穿著及約會地點來展現他的經濟實力，但在洋子的眼裡，卻只看見了他的膚淺人格。近來洋子越來越感覺到和知原說話是一件相當枯燥乏味的事情。

法律事務所真的不是人待的地方。一旦待久了，對他人的評價都會不由自主地過於嚴苛。

「我並不特別覺得危險。」

「真是勇敢。」

「或許我只是比較遲鈍而已。」

「前陣子不是有這麼一部電影嗎？一艘貨輪沉沒了，少年與老虎坐在同一艘救生艇上漂流……我一看見妳，總是忍不住想起那部電影。」

「老虎？」

「對方只要心情不好，或是肚子餓，隨時可能會撲過來。真是太驚險刺激了，對吧？」

他認為他這幾句話說得很妙？抑或……只是個單純的玩笑？不論是哪一邊，都可以確定他是個相當粗線條的男人。霎時，亞曼尼跟高級葡萄酒都褪了色。真是個膚淺的男人。真是個枯燥乏味的男人。

想到這裡，洋子趕緊推翻了這個想法。這樣的評價，對知原有點過於嚴苛。知原基本上還是一個相當有魅力的異性，以結婚對象而言，條件也相當好。

最大的問題，其實是比較的對象太過獨特。每天和洋子相處時間最長的男人是御子柴，因此洋子總是忍不住會拿其他男人和御子柴比較。御子柴曾經是個犯下重罪的少年，如今卻成為技巧高超但手段卑劣的知名律師。講話尖酸刻薄，腦中精打細算，有如機械一般沉著冷靜。和他比起來，世上絕大多數的男人都會顯得枯燥乏味，這是理所當然的事。和平是平庸的同義詞。雖然洋子到了這個年紀，已不會傻到追求危險的刺激，但不可否認在洋子的眼裡，御子柴壞得相當有魅力。

「站在我的立場，我實在不希望妳置身在危險的環境之中。」

「謝謝你為我擔心。」

「我建議妳換個工作，而且是個鐵飯碗的工作。」

「鐵飯碗？這個詞彙已經作古了。」

「我的意思是家庭主婦也可以是一種工作。」
「這得看雇主開出來的待遇如何。」
「妳想要什麼樣的待遇？」
「我猜我是個很害怕無聊的人。」

## 4

隔天，御子柴一到事務所，洋子立刻告知昨天接到恐嚇電話的事情。
「他要跟我們拚了？哼，多半只是逞口舌之快。」
「真的嗎？」
洋子回想當時那人的口氣，總覺得並非只是口頭威脅。
「他還說耗子被逼急了，也會反咬貓一口。一個人要是被逼上絕路，不曉得會做出什麼樣的事情。」
「並不是所有的老鼠被逼急了都會咬貓，大多數只是在掙扎的時候被吃掉，真的會嘗試抵抗的老鼠寥寥無幾。」
果然不出洋子所料，御子柴嗤之以鼻，完全不當一回事。

「真的有膽子放手一拚的人，打從一開始就會使用本名，不會使用匿名的手段。」

「可是……」

「我在意的只有那個部落客，他沒有嘗試與妳接觸？」

「沒有。」

御子柴興致索然地哼了一聲。比起事務員遭到威脅，更令他在乎的是請求者之中是否包含部落客本人。

懲戒請求書的數量雖多，說穿了都只是複本，只有姓名、地址及電話號碼不同。御子柴想要知道在這八百三十封請求書之中，是否包含了由部落客本人所寄出的正本。

洋子雖然沒有開口詢問，但早已隱約猜到御子柴的目的。

「您向所有請求者寄出存證信函，是想要把事情鬧大，藉此引出那個部落客？」

「沒錯。」

御子柴也不隱瞞，坦誠說出了心中的念頭。

「我明白您的想法。畢竟他是始作俑者，與其耗費心力對付其他人，不如把這個人找出來。找到本人之後，您會對他提出更加嚴苛的條件嗎？」

對於遭到煽動的群眾，御子柴願意積極提出和解方案，但是對那個部落客，御子柴應該不會輕易饒恕。以御子柴的個性，應該會利用民事訴訟將對方打得體無完膚，令對方徹底付出社會地位及經濟上的代價。

洋子原本如此預期，沒想到御子柴並沒有應話。他對自己的提問毫無反應，只是看著事先輸入電腦裡的請求者資料一覽表，陷入了沉思。

這個男人到底在想什麼？他的心中又在策劃什麼陰謀詭計？洋子雖然相當好奇，但就算開口問他，他也一定不會老實回答。依他的個性，除了工作上必須告知的事情之外，他什麼也不會說。

洋子繼續拆開那一封封的請求書，將寄信人的資料輸入電腦之中。今天大部分的時間，大概也會花在這件工作上。

除了拆信機發出的聲響之外，整間事務所裡鴉雀無聲。兩人都不再開口說話。御子柴向來只會言簡意賅地回答洋子的提問，從來不曾為了增進情誼而多說一個字。往往一整天下來，兩人的交談就只有「早安」及「辛苦了」。這樣的狀況，幾乎不可能發生在其他人數少的職場上。

其實從前的御子柴，還不至於像現在這麼孤僻。從前的他有時會針對案情徵詢洋子的意見。但自從去年為親生母親辯護之後，御子柴便開始出現變化。他變得越來越沉默寡言，沉思的時間比以前更長。洋子並不清楚親生母親的案子對御子柴的心境造成了什麼樣的影響，但可以肯定的一點，是御子柴這個人變得更加耐人尋味了。

到了大約上午九點半，御子柴離開了事務所，到法院出庭去了。在御子柴回來之前，洋子只能孤獨地做著相同的工作。不過就算御子柴回來了，洋子的孤獨大概也不會有所改變。

就在這時，響起了對講機的鈴聲。事務所是十點才開始接受訪客，洋子正要開口回絕，對方已先表明了身分。

〈警視廳刑事部，敝姓桶屋。〉

對方的身分是警察，不能隨便拒絕，洋子迫於無奈，只好將門打開。

「打擾了。」

門外走進來兩個男人，一個是中年人，另一個則是年輕人。兩人都自稱是搜查一課的刑警，桶屋是那中年人，年輕人則自稱姓東谷。

桶屋對事務所內的擺設連瞧也沒瞧一眼，筆直走到洋子的面前。

「抱歉，請問妳是日下部洋子小姐嗎？」

「對，我是日下部洋子。」

「昨晚妳曾經跟一個叫知原徹矢的人見面嗎？」

「我跟他一起吃飯。」

「你們昨晚一直在一起？」

「吃完晚餐，差不多九點的時候分開。」

「後來他有沒有跟妳聯絡？」

「沒有。」

「我們發現了知原徹矢的遺體。」

洋子瞬間感覺心跳加劇。

「什麼時候？在哪裡？」

「在回答妳的問題之前，我們有很多問題想要向妳請教。」

桶屋表面上客氣，態度卻有些咄咄逼人。

「能請妳隨我們回警視廳一趟嗎？」

「你們沒有拘票，原則上我可以拒絕，對吧？」

「妳當然可以拒絕，但如果妳沒有合理的拒絕事由，這麼做只會加深我們對妳的懷疑。」

桶屋陰裡陰氣地說道。洋子見了他那表情，登時醒悟他們是趁御子柴不在的時候發動突襲。旁邊要是有律師在場，他們就沒有辦法像這樣威脅恫嚇了。

「一定要現在嗎？我希望你們晚一點再來。」

「妳想等御子柴律師回來？」

洋子察覺自己的心思被看穿，警戒心更深了。

「不行嗎？」

「當然不是不行……」

桶屋的雙眼這才開始在事務所內左右張望，似乎想要從室內的裝潢及辦公用具的等級看出御子柴的個人品味。

「但妳如果堅持一定要有律師陪同，就等於是承認知原徹矢的死與妳有關，同樣會加深我們對妳的懷疑。」

「人不是我殺的。」

洋子認為此刻應該要堅定否認，沒想到這句話卻犯了相當大的錯誤。

「我沒說過知原徹矢是遭到殺害。」

洋子這才驚覺自己落入了話術的圈套。

「你剛剛的口氣，不就是在暗示他遭到了殺害？」

「我剛剛是這樣的口氣嗎？」

桶屋轉頭詢問身旁的東谷，東谷默默搖頭。

「日下部洋子小姐，如果妳沒有做什麼虧心事，我建議妳乖乖跟我們走。」

「你們在懷疑我？」

「妳是法律事務所的事務員，我會怎麼說，相信妳也很清楚。同樣的話，我會對所有的涉案人士都問一遍。對某些涉案人士，我們只要站在門口問個五分鐘就夠了，但妳是跟他最親密的人，所以五分鐘可能問不完。」

「我是跟他最親密的人，我自己怎麼不知道？」

「一個男人會邀請不親密的女人到約會聖地的餐廳吃飯，還喝高級的葡萄酒嗎？」

洋子心想，他們連兩人喝了什麼樣的葡萄酒都知道，可見得已經把知原昨晚的行動調查得一清二楚。

「如果妳是清白的，我建議妳盡早洗刷嫌疑。」

兩名刑警目不轉睛地凝視著洋子。雖然表情平和，但眼神不帶笑意。

從前造訪事務所的委託人，曾經提過遭刑警盯上時的感覺有多麼可怕。當時洋子聽了，並不覺得那有什麼大不了。如今親身經歷，洋子才終於能體會遭刑警懷疑時心中的驚恐。被刑警以那樣的眼神看著，任何人都會失去自制力，說出不該說的話。

「妳想要怎麼做，快決定吧。」

「我想先打電話給律師。」

洋子取出自己的手機，選擇了御子柴的手機號碼。

〈您撥的電話沒有回應，請稍後再撥。〉

現在的時間距離十點還有五分鐘，照理來說應該還沒有開庭才對。或許是御子柴提早關掉了手機的電源吧。不過就算關掉電源，還是會留下來電紀錄。

耗子被逼急了，也會反咬貓一口……沒想到這句話竟然應驗在自己的身上。如今自己就像一隻老鼠，遭到兩名刑警追趕。

「我明白了，我去收拾東西，你們等我一下。」

兩名刑警開著非制式警車，將洋子送往警視廳。洋子一到廳內，立刻被帶往偵訊室。這是洋子第一次搭乘非制式警車，也是第一次進偵訊室，卻一點也沒有辦法樂在其中。

偵訊室內不僅狹窄，而且一片空蕩，透著一股肅殺之氣。中央擺著一張貌似相當牢固的桌子，以及一張看起來和桌子極不協調的簡陋鐵椅。只有一扇門，沒有窗戶。電視劇裡的偵訊室通常會有一面牆是魔術鏡，但這房間裡連魔術鏡也沒有。洋子心想，雖然沒有魔術鏡，但應該還是會有一些記錄裝置吧。

「來吧……」桶屋一邊喃喃自語，一邊在洋子的對面坐了下來。東谷則坐在偵訊室角落的桌邊，或許是負責記錄吧。

「我現在要問的問題，或許妳會覺得很老套……請盡可能詳細說出妳昨晚做過的每一件事。」

「我剛剛已經說完了。我們在晚上九點的時候吃完晚餐，後來我就回家了。」

「妳住在哪裡？」

「押上。」

「噢？那跟你們約會的東京晴空街道很近。」

「嗯……當初知原說了好幾個地點讓我挑，我故意挑了距離住處最近的東京晴空街道。」

「為什麼？餐廳的預約是從七點到九點，晚上九點應該還算是很早才對，就算再晚個兩、三小時回家，應該也沒什麼大不了吧？」

別隨便推測我的想法。洋子在心中咕噥。

「我並不打算和他玩到那麼晚。」

「妳回到住處的時候是幾點？」

「我那時候沒看時間，但是從東京晴空街道回到住處，大概會花三十分鐘左右。」

「所以回到住處的時候應該是九點半。妳一個人住嗎？」

「對。」

「公寓大門有自動上鎖系統嗎？」

「沒有。」

「這麼說來，沒有人能夠證明妳在九點半回到住處？」

「我是真的很早就回家了，畢竟隔天還有很多工作要做。」

「噢，妳指的是大量懲戒請求書的事件吧？」

桶屋露出一副幸災樂禍的表情。

「我在新聞上看到了，你們要對所有寄出請求書的人求償？呵呵，事務員只有妳一個，應該很吃力吧？不過訴狀這種東西，用電腦製作應該不難吧？」

「目前還只是寄存證信函的階段，很多部分都要手工進行。所以我前一天晚上提早回家了。」

「和妳約會的知原，在外商的顧問公司上班，現在單身，一個人住在六本木的公寓裡。既然妳也是單身，他應該算是不錯的對象，妳就只是和他一起用餐，沒有期待進一步的發展？」

「個人隱私的部分，我並不打算回答。而且我說過了，隔天還有很多工作要做，我想早點回家。」

「就算是個人隱私，還是得請妳盡量配合我們查案。」

桶屋昂起了頭，露出一副高傲的態度。

洋子不斷提醒自己千萬不能動怒。有些刑警會故意激怒嫌犯，藉此讓嫌犯失去理智。手法本身稱不上高明，但對於精神陷入緊繃狀態的嫌犯，能夠發揮不錯的效果。洋子回想起御子柴曾經說過這些話。

「你們已經約定好要結婚了嗎？」

洋子勉強裝出心平氣和的態度，伸出左手的手背，說道：

「你沒看到戒指吧？依知原的個性，在求婚之前，一定會先衝進珠寶店買戒指。何況我連自己是不是第一順位都不知道呢。」

「妳的意思是說，連妳這個當事人，也不知道知原有沒有腳踏兩條船？」

「請別叫我當事人。我跟他的交情，還只是偶爾一起吃飯的程度。」

「你們是怎麼認識的？」

「我們有共同的朋友……一個叫南雲涼香的人，是她介紹的。」

「那是什麼時候的事？」

「差不多半年前吧。」

「交往了半年，還只是一起吃飯的程度？」

「我們不是那麼親密的關係，你要我說幾次？」

腦海的角落微微響起了警報聲。洋子感覺得出來，桶屋的問題正逐漸讓自己失去冷靜。

一定要冷靜下來才行！一旦失去自制能力，一定會落入對方的陷阱之中。

「這麼說來，你們還不是男女朋友的關係？」

「沒錯。」

「妳曾經在他的房間過夜嗎？」

「從來不曾。」

「昨天晚上是否有過身體的親密接觸？」

「當然沒有！」

洋子忍不住大喊。桶屋似乎絲毫不以為意，繼續問道：

「你們偶爾會一起吃飯，總不會連手也沒牽過吧？」

「沒牽過。」

「那可有點古怪。」

桶屋抬起上半身，緩緩將臉湊向洋子。

「設置在東京晴空街道裡的監視器，拍到了妳跟知原走在一起。」

「我們確實曾經走在一起，有什麼問題嗎？」

「監視器的影像裡，你們兩人手牽著手，看起來感情很好。」

洋子急忙確認自己的記憶。

在餐廳裡的時候，知原是坐在座位上付帳。出了餐廳之後，自己也一直很小心，盡量不讓知原過於靠近。嗯，絕對沒有牽手。

多半是刻意誤導吧。利用一些謊言為誘餌，誘使嫌犯說錯話。

「你騙人。我跟他絕對沒有牽手，一定是你們搞錯了。」

「絕對不會錯的……既然妳這麼堅持，請妳再配合我們做一件事。」

桶屋一邊說，一邊拿出一個塑膠容器，從裡頭抽出一根棉花棒。

「請給我一點唾液，以及幾根頭髮。」

「……DNA鑑定?」

「當然妳可以拒絕，但如果妳拒絕的話……」

「我知道，會加深你們的懷疑。」

洋子以棉花棒的前端沾了口腔內側的黏膜，接著拔下數根頭髮。心中充滿了羞辱感，彷彿自己變成了俘虜或奴隸。原來遭到懷疑的感覺這麼不好受。

「啊，還有指紋。」

洋子陷入了半自暴自棄的狀態。

隨便你們想怎麼樣都行。

果然偵訊過程有其他警察監視著。一名警察此時走了進來，默默拿起那些東西，又默默走了出去。

「近年來鑑定技術有非常大的進步，雖然DNA鑑定還是得花上幾天，但指紋鑑定只要數個小時就能知道結果。」

「這我知道，我們事務所也常常委託民間的研究機構進行鑑定。」

「民間的研究機構?但以鑑定的速度跟正確性而言，應該沒有其他機構比得上科搜研。」

「我們經常委託的那間研究機構，經營者原本也是科搜研的人，後來因為受不了科搜研做事太沒有效率，所以出來獨立開業。」

桶屋的眉毛微微抽動，顯然有些不愉快，洋子這才稍微出了一口怨氣。這小小的反擊，應該不算太過分吧。

「你們還沒有告訴我，你們發現知原時的狀況。」

「我們在押上車站附近發現了他的遺體。」

洋子心中霎時有不好的預感。

「押上車站A2出口，也就是通往晴空塔城南邊的出口，那是妳回家必須經過的地方，對吧？相信妳應該很清楚，那個出口的後頭有一小片樹林，而且從那個出口進出的乘客剛好都看不見。知原的遺體就在樹林裡。根據我們的推測，遺體應該是刻意被藏在那裡頭。那一帶雖然晚上很熱鬧，但是過了晚上九點之後，從外頭根本看不見樹林裡的狀況。遺體是直到今天早上，才被車站雇用的清潔人員發現。」

桶屋取出一張照片，擺在洋子的面前。照片裡趴著一個人，雖然看不見臉，但洋子一眼就看出那是知原。

那外套不久前才看見知原穿在身上。腰際的部位染紅了一大片。

「這一刀刺得很深，應該就是致命傷。」

「找到凶器了嗎？」

「凶器被丟在稍遠處的路旁排水溝裡。凶手以為丟在那種地方，我們會找不到？」

桶屋的口氣，彷彿在取笑著洋子。

「推斷死亡時間為昨天晚上的九點至十一點之間。所以現階段妳的不在場證明恐怕沒有辦法成立。」

洋子登時醒悟，對方要採自己的指紋，一定是因為他們在凶器上發現指紋了。

桶屋接著又持續發問，問題的內容大致上為「是否瞭解知原的交友狀況」、「是否曾聽知原提過關於資產的事」、「用餐期間是否曾發生爭執」等等。

同樣的問題，桶屋會反覆詰問很多次。剛開始的時候，洋子還耐著性子回答，但是到了第三次之後，洋子越來越感覺到憤怒與厭煩，回答也越來越隨便。然而桶屋的態度卻沒有絲毫變化，更是讓洋子不由得心亂如麻。

大約過了一個小時，剛剛取走採樣工具的警察再度走了進來，朝桶屋說了一句悄悄話。

桶屋的雙眸登時閃過一抹精光。

「結果出來了。」

洋子一顆心七上八下，根本不敢詢問。

「殘留在凶器上的指紋，跟妳的指紋完全一致。」

接著桶屋迅速瞥了一眼手錶。

「十二點十五分。日下部洋子，我現在以殺害知原徹矢的罪嫌逮捕妳。」

# 第二章

## 伴走者的條件

## 1

當御子柴回來的時候，看見的是空無一人的事務所。平常總是坐在辦公桌前處理事務性工作的洋子，不曉得跑到哪裡去了。御子柴原本猜想她可能出去買個東西，但一看她的桌面，除了還沒有開封的懲戒請求書之外，還有一張手寫的字條。

〈我隨刑事部桶屋前往警視廳，不確定何時能回來。〉

洋子過去從不曾寫過這麼沒頭沒尾的字條。何況「隨刑事部的人前往警視廳」一語，也讓御子柴放心不下。大量懲戒請求的案子，基本上與刑事部無關。而且御子柴的手機紀錄裡還有來自洋子的未接來電。當時因為已接近開庭時間，所以御子柴將手機轉為靜音模式。

到底發生什麼事了？無論哪一種推測，事態都相當不妙。與其自己一個人空想，不如直接詢問本人比較快。於是御子柴轉身回到停車場，驅車前往警視廳。

到了櫻田門※，在一樓告知來意，等了一小段時間，出現一名刑警。

「你好，敝姓桶屋。」

兩人才一對上眼，桶屋立刻朝著御子柴從頭到腳上下打量。通常刑警在觀察他人的時候會盡量不動聲色，桶屋的動作如此明顯，顯然帶有敵意。

「今天真是榮幸，能夠見到鼎鼎大名的御子柴律師。」
御子柴在與他人交談時，會依對方的態度來決定自己的態度。當對方說起話來刻意恭敬謙卑，御子柴就會故意表現出高傲的態度。
「我家的事務員似乎受你照顧。」
「沒錯，我們剛剛逮捕了她。」
「罪名是什麼？」
「謀殺。」
御子柴聽到這罪名，心裡有點意外，但沒有流露在臉上。
「沒有律師陪同，你們就對她進行偵訊？」
「她本人不希望律師陪同。」
這一聽就知道是撒謊。他們一定是剛開始的時候假裝只是問幾個問題，在律師還沒有到場前突然下令逮捕。否則的話，平常在律師事務所工作的洋子怎麼可能會放棄自己的基本權利？
「她認罪了？」
桶屋的臉上閃過一抹陰鬱之色。
「還沒有。」

※櫻田門：警視廳本部廳舍的別稱。

「我要見她。」

「當然沒問題，嫌疑人也正要求要見你。」

在桶屋的帶領下，御子柴走進了會客室。事實上這並不是御子柴第一次來到警視廳會見剛遭到逮捕的委託人，就算沒有人帶路，御子柴也知道會客室在哪裡。

「為了保險起見……」

桶屋在會客室前忽然伸出手掌。

「請交出錄音機、手機及其他電子儀器。」

御子柴交出了手機。桶屋似乎並不滿意，繼續輕搖手掌。

「你沒有帶錄音筆之類的東西嗎？」

「委託人說的每一句話，我都記在心裡，沒有必要錄音。」

「真了不起。」

「既然是工作，當然要集中全部的精神。你們的偵訊不也是這樣嗎？」

桶屋一聽，登時有些不太高興，朝著會客室抬了抬下巴。剛剛明明態度恭謹，此時卻變得相當無禮。看來這個刑警雖然一副精明模樣，精神年齡卻接近國中生。以這樣的心智要對付各種刁鑽狡猾的嫌犯，恐怕會吃相當多的苦頭。

一進入會客室，便看見洋子坐在壓克力板的另一側。洋子一看見御子柴，臉上同時流露出了慚愧與期望。

「給您添麻煩了。」
「目前還沒有。」
「咦？」
「麻煩的在後頭。」
「您沒有生氣？」
「我一回到事務所，只看見一張莫名其妙的便條紙，沒有說明理由及來龍去脈，就算要氣也不知道該氣什麼。」
「對不起，他們要把我帶走，讓我有些不知所措……我完全沒想到自己會遭到逮捕。」
「從頭開始說吧。先說妳為什麼會遭到懷疑。」
洋子將右拳抵在額頭上。每當她要整理思緒時，都會擺出這個動作。
「就算我自己認為毫無關係的事情，也最好說出來，是嗎？」
「有沒有關係，不是由妳判斷。」
「我有一個女性朋友，叫南雲涼香，她介紹了一個姓知原的人給我認識。」
「知原是你們共同的朋友？妳跟那個南雲涼香是什麼樣的關係？學生時代的同學嗎？還是從前的同事？」
「從霞關經過共同廳舍再往前走一點的地方，有一間咖啡廳，我跟她就是在那裡認識的。」
有時只是和陌生人袖子輕碰，或是隨口交談兩句，也有可能變成朋友關係。雖然御子柴完全沒有類似的經驗，但畢竟自己的交友範圍實在太狹窄，洋子的人際關係應該比較接近一般人的狀況。

「不是什麼以結婚為前提的交往，其實就跟聯誼差不多……」

「那些都不重要，現在告訴我事發當天的整個經過。」

在御子柴的催促下，洋子說起當初在東京晴空街道的餐廳裡，與知原的交談內容。那些內容聽起來都只是閒話家常，與其說是情侶，其實更像是一般的朋友關係。從洋子描述時的口吻，御子柴聽出洋子似乎有點瞧不起知原這個人。洋子似乎認為知原是個相當膚淺的人，唯一的優點只是有錢而已。但在御子柴聽來，知原這個人其實頗有幽默感。他將洋子與御子柴在同一個職場工作的情況比喻為「與老虎一同坐著小船在海上漂流」，其實形容得很妙，頗值得讚賞。洋子說她害怕無聊，這一點從她平常在事務所內的言行舉止也看得出來。

晚餐在晚上九點結束，後來洋子便回到了位於押上的住處。

「知原沒邀妳去其他地方？」

「他說附近有一家不錯的酒吧，問我要不要一起去，但我拒絕了。」

「妳討厭知原？」

「這不是喜歡或討厭的問題，我隔天還有很多工作要做，不想太晚回家。」

洋子以一副理所當然的表情說道。兩人雖然隔著壓克力板說話，但洋子顯得泰然自若，或許她已經恢復了冷靜。

「知原不是會讓妳喜歡或討厭的對象？」

「我不知道他對我有什麼感覺，但是對我來說，他就只是可以一起喝茶閒聊的朋友。我一點也不恨他，當然也不會把他殺了。」

「警方懷疑妳的殺人動機是感情糾紛？」

「知原雖然手頭闊綽，但他還沒有結婚，殺人的動機不會是覬覦遺產或保險。大概是因為我發現他有其他交往對象，一時嫉妒或分手問題談不攏，所以把他殺了……警察是這麼跟我說的。」

「這動機有點牽強，警察會決定將妳逮捕，應該是掌握了關鍵性的證物？」

「知原的致命傷似乎是被人以尖銳的刀子在腰際刺了一刀……那凶器上頭有我的指紋。」

「尖銳的刀子？能不能說得更詳細一點？」

「警察拿了照片給我看。那是一把又細又尖的小刀，握柄是白色，刀刃大約十公分長。」

「雙面刃，還是單面刃？」

「單面刃。」

「刀子是妳的？」

「不是。」洋子搖了搖頭。「從來沒看過。」

根據工作能力來研判，洋子的記憶力應該不差。雖然如此，還是不能完全排除記憶出錯的可能性。看來有必要親眼確認凶器才行。就算沒辦法看見實物，至少也得取得照片。但除非案子進入起訴階段，否則警察絕對不會願意開示證物。

驀然間，御子柴察覺洋子的腳下傳來斷斷續續的細微聲響，那顯然是雙腳正在顫抖的聲音。然而流露在洋子臉上的表情不是恐懼，而是苦笑。

「妳在笑什麼？」

「我只是覺得……怎麼反過來了。其實我早就猜到有一天會和您像這樣坐在會客室裡對談，只是我完全沒有料到自己會坐在嫌犯的這一邊。」

「妳那一邊，我已經坐過了，這輩子不會再坐第二次。」

「原來如此。」

「我先確認一件事，妳心中有律師的人選嗎？」

「凶器上頭有指紋，嫌犯沒辦法提出不在場證明……一般的律師，頂多只能做到減刑而已。所有我認識的律師裡，只有御子柴律師能夠幫我贏得無罪判決。」

「等等我會送契約書及委任書給妳，簽上名字之後交給負責拘留的員警。」

「可是……」

「可是什麼？」

「以我的薪水，頂多只付得出簽約金。就算您幫我贏得無罪判決，我也付不出您的酬勞。」

「妳付得出。」

「意思是要我一輩子免費為您工作？」

「不，有員工價。金額的交涉就到此結束。現在妳必須告訴我那個南雲涼香的聯絡方式，以及知原徹矢的個人資料。」

「我的手機裡有電話號碼，但是他們把我的手機拿走了。」
「要查出電話號碼並不難。」
御子柴於是將洋子接下來說的話一字不漏地記在腦海裡。區區兩人份的上班地點及住址，對御子柴來說一點也不難，和背誦六法全書比起來簡直是小兒科。
「未來除非我在場，否則妳全部行使緘默權，一個字都別說。」
現階段該問的話都問完了，御子柴站了起來。洋子這才面露憂色，問道：
「老闆，您還沒有問我最重要的問題……知原到底是不是我殺的？」
「這不重要。」
「咦？」
「不管人是不是妳殺的，我都會把妳救出來。」

離開警視廳後，御子柴前往了谷崎的事務所。這次對方沒有邀約，是御子柴自己主動造訪。雖然這實在不是御子柴的做事風格。但谷崎當初自己說過，假如人手不夠，可以與他聯絡。御子柴無法肯定谷崎那麼說是真心誠意還是客套話，但這次情況特殊，還是得向他求助才行。
谷崎的事務所雇用了多名律師，身為老闆的谷崎已很少親自出庭，他大部分時間都是在自己的辦公室裡閒得發慌，因此就算沒有事先預約，也可以輕易見到他。
進入辦公室一看，果不其然谷崎露出了若有深意的笑容，彷彿事態的變化正讓他感到樂不可支。

「沒想到御子柴律師會主動來找我，今天是吹什麼風？」
「前幾天你說過，如果人手不夠，可以聯絡你。」
「噢，我確實說過。你現在人手不足了？」
「我的事務員將會有一段時間沒有辦法執行勤務。」
谷崎聽見洋子因殺人罪嫌而遭逮捕，露出了吃驚的表情。雖然這不是什麼值得開心的消息，但能讓這個老狐狸大吃一驚，御子柴的心裡還是暗呼痛快。
「這次的當事人是日下部洋子，而不是御子柴律師，那些報馬仔不知道你們兩人的關係，難怪這麼安靜。」
任何領域都會有一群報馬仔，專門把消息傳到一些大老級人物的耳裡。谷崎的消息這麼靈通，正是拜了這些報馬仔所賜。
「她本人否認犯案？」
「是的，那把做案用的刀子，她說沒看過也沒摸過。」
「你說得這麼若無其事，是因為你相信她是遭到了冤枉？」
「是不是遭到冤枉並不重要，總之我會讓她獲判無罪。」
谷崎又愣了一下，接著哈哈大笑。
「呵呵呵……畢竟是多年來的伴侶，說什麼也要搶回來？」
「我好不容易才將她訓練成堪用的事務員，如果就這麼被奪走，我投注的心血就全白費了。」

「真像是你會說的話。好吧，我既然答應了你，就得幫你找個臨時的事務員。」

谷崎將手掌放在桌上，以中指輕敲桌面。那神情看起來似乎是在思索，但搞不好他心中早已決定了人選，只是假裝思索，藉此試探御子柴的反應。與這種老狐狸往來，如果把對方想得太單純，隨時可能會被對方擺一道。

「你不是要對所有的懲戒請求者求償嗎？目前已經完成幾人份的訴狀了？」

「抱歉，這些事務性工作，我完全交給事務員處理，所以詳情並不清楚，只知道懲戒請求書超過八百三十封，目前還在開封的階段。」

「這麼說來，你需要的是擅長處理事務工作的人手。好，我幫你安排馬上可以上工的人。」

「麻煩你了。」

「你將事務工作拋在一邊，專心處理辯護工作，這當然是很好。但是在起訴之前，恐怕很難掌握充分的武器吧？警方才剛逮捕，你馬上就接下委任，會不會太勉強了一點？」

谷崎這句話，可說是一針見血。御子柴所接的辯護案，絕大部分都是在檢察官已經起訴之後才接下。當這些嫌犯的身分變成了被告，已經處在燃眉之急的狀態，他們才會抱著死馬當活馬醫的心情找上御子柴。雖說在起訴之後，檢察官還是比較占有優勢，但至少雙方是依據相同的證物在法庭上進行攻防。相較之下，在檢察官起訴之前，律師手上能夠利用的資源實在比檢警要少得多。

然而不知道為什麼，御子柴心中一點也沒有悲觀的念頭。

「我過去接下的委託，大部分同樣是處於劣勢。」

「正因為處於劣勢，所以才會找上御子柴律師，對吧？反過來說，如果處於優勢，就不會來找你了。話說回來，我不明白你為什麼要一方面處理自己人的案子，一方面同時進行求償的案子？說得更明白一點，對付那些民眾並不需急在一時，你為什麼一定要現在處理？」

「這是時機點的問題。」

「什麼意思？」

「假如日下部所說的都是真的，凶器上頭卻有她的指紋，這或許意味著有人刻意搞鬼。說得更明白一點，我認為她可能遭到了陷害。」

「姑且同意這個假設。」

「在這個假設之下，她為什麼會在剛發生懲戒請求騷動的時候遭到陷害，成了一個很大的疑點。這真的只是偶然嗎？」

「這不可能吧？你的意思是說，有人為了阻止你向那些民眾求償，故意殺了一個人，誣陷你的事務員？這樣的推測會不會太牽強了一點？以殺人的動機而言，這風險未免太高了。」

「任何一個能夠冷靜思考的人，都會明白這麼做的風險與回報不成比例。如果有一個人為了區區一百五十萬圓而殺人，這個人肯定是瘋了。但是在這世上，瘋子所在多有。在那些懲戒請求者之中，有些人甚至借用了家人或朋友的名義。光從這一點，便不難看出那是些什麼樣的人。」

御子柴當了多年的律師，見識過太多愚蠢之輩。愚蠢之輩在走投無路的時候，必定會做出自我毀滅的行徑。谷崎或許也很清楚這一點，所以沒有繼續反駁。

「沒有人能預測瘋子會做出什麼事。自稱善良百姓的人，往往比具犯罪傾向的人更加危險得多。」

谷崎似乎被說服了。他點了點頭，接著露出惡毒的微笑。然而這並不是因為他性格冷酷。對人的理解越是透徹，越會變得冷眼看待這個世間。

「你打算從這次求償的對象之中，找出殺害知原的凶手？」

「這不是一個明確的方向，我只是認為既然凶手有可能是想要聲東擊西，就必須預先提防。」

「如果凶手是一個會為了一百五十萬圓而殺人的蠢蛋，不管你再怎麼提防，同樣的事情可能還是會一再發生，事情要解決恐怕沒那麼容易。」

谷崎嘴上這麼說，態度卻顯得興致高昂。回想起來，當初選舉會長的時候，谷崎也是抱著隔岸觀火的態度，看著候選人們互相廝殺。這當然一方面是源自於天生的幸災樂禍性格，另一方面，則是因為一個人在厭倦權力之後，大多會開始抱持鄙視人性的心態。谷崎的最大不同，只在於他擁有高高在上的地位，以及溫和而穩重的外貌，為他的輕蔑眼神增添了一股威儀。

「你的事務所裡，就只有你跟日下部而已。凶手如果要再度下手，一定會以你為對象，或許你應該安排護衛在身邊。」

「凶手如果攻擊我，那是求之不得的事情，正好以現行犯加以逮捕。」

「現行犯？原來如此，警察一定會監視著你，所以根本不需要安排護衛？」

警方很清楚御子柴過去的犯行，也知道最近發生的懲戒請求事件。依警方的立場，他們很可能會懷疑御子柴才是殺死知原徹矢的真凶。即便御子柴有完美的不在場證明，警方多半直到最後一刻都不會將御子柴從嫌疑名單中剔除。

「以前你不是曾經因為仇殺而身受重傷？真是個學不乖的男人。」

「那次受傷，說起來實在相當丟臉。要是這樣就害怕，要怎麼當律師？」

「這就叫好人不長命，禍害遺千年嗎？如果這句俗諺是真的，你大概會長命百歲。不，如果要比禍害，恐怕你還遜我一籌。」

谷崎露出竊笑的表情。御子柴不禁心想，這隻老狐狸就算被刺了一刀，或許臉上還是能掛著笑容吧。

「如果可以的話，請盡快為我安排事務工作的人手。」

「我很樂意提供協助。對我來說，協助日下部洗刷嫌疑，就等於是協助律師公會恢復信譽。但是另一方面，這也是一個交換條件。」

谷崎的雙眸閃爍著老奸巨猾的光芒。

「相信你應該早有心理準備，我提供協助是為了幫助日下部洗刷嫌疑。時薪的部分，你也只要支付和日下部相同的金額就行了。但如果你沒有成功把她救出來，就必須接受一些懲罰。」

御子柴忍俊不禁。律師公會的成員基本上沒有主從關係，而如今絕大部分成員都對御子柴畏如蛇蠍，到底要接受什麼樣的懲罰，才能讓狀況比現在更糟？

「如果你認為自己本來就是過街老鼠，就算承受任何懲罰也沒有多大的差別，那你就大錯特錯了。我很清楚什麼樣的狀況會讓你感到困擾，敬請拭目以待。」

御子柴聽了不禁有些心裡發毛，但明白依谷崎的性格，就算向他懇求，他也不會說出全部的真相。反正只要讓洋子無罪釋放，就不會有任何問題。

「請手下留情。」

說完這句話後，御子柴走出了谷崎的辦公室。來到事務所的門口附近時，坐在櫃檯邊的一名女事務員忽然抬起了頭。御子柴記得這女事務員姓大北。

「御子柴律師。」

那聲音明顯不是事務性口吻。

「抱歉，我不是故意要偷聽，但我在外頭聽見了你們的對話。日下部遭到逮捕，是真的嗎？」這也不是什麼奇怪的事。據說谷崎辦公室雖然牆壁頗厚，但並沒有進行隔音處理，再加上谷崎的嗓音相當宏亮，很容易就透出了門外。

「我在律師公會的事務員研修時期，經常和日下部一起行動。」事務員之間的人際關係，往往受律師之間的人際關係所影響。洋子與大北有私交，單純是因為其他律師及事務所人員皆極度厭惡御子柴，就只有谷崎的事務所對御子柴比較友善。

「請一定要證明日下部的清白。她是一個很善良的人，絕對不可能殺人。」

善人也可能殺人，惡人也可能沒殺過人。何況善人與惡人的差異，其實相當模糊。不過御子柴當然不會對大北提這些，因為提了也沒有意義。

「日下部是我的職員，我當然會盡全力為她辯護。我記得妳姓大北吧？妳和日下部經常聊天？」

「嗯，你的事務所就只有日下部一名事務員，她平常沒有聊天的對象，所以每次來研修的時候，都會找我天南地北閒聊。」

洋子在事務所裡幾乎不說閒話，只是默默處理著事務性工作，御子柴原本以為她是個沉默寡言的人，如今才知道她原來只是在暗自忍耐而已。

「妳們是否曾經聊到交往的對象？」

「她曾提到有個人經常約她出來吃飯，但好像稱不上是在交往。那個人好像在外商的顧問公司上班，姓氏是知原吧。」

在外商的顧問公司上班，姓氏是知原，那必定就是知原徹矢了。

「在日下部的眼裡，她與那個知原是什麼樣的關係？」

「照她的說法，只是一起吃飯聊天的朋友。對方好像猛烈追求她，但她一點也不動心。」

「日下部的年紀也三十五了，而且對方的經濟狀況好像不錯，為什麼日下部不感興趣？」

「她說總覺得差了那麼一點。那個人收入很高，在外商工作，打扮時髦，品味不差，知道很多高級餐廳。雖然聽說女朋友不止一個，但若解釋成他正在積極尋找結婚對象，似乎也稱不上什麼重大瑕疵。但日下部說，如果要將他當作一生的伴侶，總覺得少了點什麼。」

當初洋子也曾說過，她並沒有將知原當成交往的對象，大北這番話等於是印證了洋子的說詞。雖然檢警一口咬定洋子與知原既然會在高級餐廳共進晚餐，發生感情糾紛也不是什麼奇怪的事情，但大北的證詞增加了洋子供詞的可信度。

其實御子柴不太能理解「總覺得少了點什麼」是一種什麼樣的感覺。不管是要尋覓男友或配偶，照理來說應該都是要挑選經濟層面及精神層面都能感到安心的對象。但是洋子的擇偶條件，卻似乎刻意包含了刺激感。

當然洋子的個人興趣一點也不重要，重要的是洋子被捲入這起事件的理由。

「她是否曾提過知原最近遇上了什麼麻煩事？」

「沒有……日下部對知原似乎並不特別關心。她跟我閒聊的時候，向來只會說上次到那一間餐廳吃飯，店裡的什麼料理特別好吃什麼的。關於知原的事，她只會提這麼一點點。」

大北伸出手指，以拇指及食指比出約一公分的縫隙。

「我跟日下部聊天，可以感覺得出來，她真的對知原這個人一點興趣也沒有。」

「我個人有點好奇，女人怎麼會願意與完全沒有興趣的男人約會？」

「每個人的心態不太一樣，日下部的態度似乎是來者不拒，除非真的是非常討厭或不知如何應付的對象，否則還是會願意與對方吃個飯。據她的說法，好像是沒有拒絕的必要。而且我們事務員的收入並不特別高，有人願意請我們到東京都內的三星餐廳吃飯，我們當然不會拒絕。」

這意思是對日下部來說，知原不算是個非常討厭或不知如何應付的對象，所以當成會走路的錢包不成問題？

「如果是非常討厭的對象，有可能因為一點小事，觀感出現一百八十度的變化。當然情況也有可能剛好相反。但如果是打從一開始就漠不關心的對象，絕對不會突然變得喜歡。」

從大北的話中聽來，洋子這個人雖然稱不上唯利是圖，但似乎是個頗有心機的女人。但御子柴轉念又想，畢竟洋子能夠待在曾經殺過人的律師身邊工作，而完全不當一回事，想也知道不是什麼省油的燈。

「正因為他們兩人的關係很淡薄，我實在不太相信日下部會對知原產生殺意。何況凶器竟然是小刀，更是讓我覺得不可思議。」

「不可思議？」

「畢竟我們做的都是與訴訟有關的工作，平常聊天時或多或少會聊到傷害案或謀殺案，有時我們也會半開玩笑地說『如果是我的話會怎麼做』。日下部曾經說過，她跟人搏鬥絕對贏不了，所以『如果要殺人，一定會選擇下毒』，當時我也很認同她的想法。何況既然凶器是小刀，代表是預謀犯案，凶手早就把小刀藏在身上，我實在不認為日下部會做出這樣的決定。」

## 2

離開了谷崎的事務所之後，御子柴前往了押上。

時間為下午五點五十分。夜色逐漸降臨，東京晴空街道的燈火逐一點亮。東京晴空塔城的店鋪或許是因為以觀光客為主要客戶層，大多價格平實，進店時不會感覺到壓力。但是越往上層走，餐點的價格就越高。

洋子與知原當初用餐的餐廳，是位於最上層的法式料理餐廳「Le Bonheur Hazama」。或許是為了建立與其他餐廳的差異，這家餐廳的門面特別氣派而講究，讓人不禁擔心入內可能會被要求服裝儀容。一看公布於門口的菜單，果然價格不菲。

御子柴正要走進店內，恰巧兩個人從店內走出，赫然是不久前才見過的人物。

「真是奇遇，御子柴律師。」

桶屋仰視著御子柴，以調侃的口吻說道。走在他背後的另一名刑警露出了一臉詫異的表情。

「一見完嫌犯，馬上著手調查案情？御子柴律師做事可真有效率。」

「只是來看一看，稱不上調查案情。」

「我才剛看完，老實說感想和你現在一模一樣。完全沒有任何收穫，根本稱不上調查案情。」

桶屋的口吻帶著明顯的譏諷之意。當然若要比譏諷的能力，御子柴絕對是有過之而無不及。

「進了一家餐廳，能不能有所收穫，還得看當事人的品味如何。品味太差的人，當然吃不出Ａ５等級霜降牛肉和超市廉價牛肉的差別。」

桶屋哼了一聲，從御子柴的身邊通過。另一人也跟著匆匆離去。

既然刑警才剛問完，現在可說是最好的時機。從被問話者的立場來看，兩次問話的間隔時間越短，心理的負擔越小。

御子柴向櫃檯女服務生說明了來意，等了一會，一名身材高挑、身穿雙排扣黑色禮服的男人走了出來。男人自稱姓板倉，是這家餐廳的經理。

「你要問知原先生的事？剛剛才有兩位警視廳的員警來問過。」

「我跟他們的立場不同，但我們調查的是同一件案子，所以我想要詢問的問題可能也跟他們差不多。」

「不好意思……」板倉微微躬身說道：

「晚餐的時間快到了，等等會有很多客人上門，能不能請你過幾天再來？」

顯然對方發現御子柴的身分是律師而非警察，態度因而有了變化。像這樣毫不掩飾的差別待遇，反而給人一種不拖泥帶水的爽快感。而且御子柴心裡也很清楚該如何對付這種人。

「不然這樣好了，我以客人的身分，問你幾個簡單的問題。」

御子柴一邊說，一邊掏出一張白金信用卡。那只是一張靠著律師頭銜及高額報酬所得來的塑膠卡片，看起來毫不起眼，卻足以徹底改變板倉的態度。

「請給我當天知原所點的相同菜色，當然包含酒類飲品。」

「好的。」

板倉恭恭敬敬地行了一禮，將御子柴引到窗邊的座位。態度的轉變如此之大，反而少了做作的扭捏感。板倉朝站在附近的男服務生低聲交代了幾句話，接著便站在御子柴的身邊。

桌上刀叉的握柄皆是象牙材質，一看就知道相當高級。裝潢並不過於浮誇，但帶著適度的奢華感。其他的座位陸續有客人就座，從衣著打扮可看出這些人都有一定的身分地位。

「知原先生是我們店裡的常客，我們聽到他昨天過世的消息，都感到相當難過。」
「他是這裡的常客？他來用餐的時候，都是帶著什麼樣的女伴？」
「不一定。」
「他的女伴有好幾個？」
「幾乎每個星期都不一樣。」
雖然御子柴早已知道知原同時和超過一名女性交往，卻不知道他的女伴人數多到每個星期都不一樣的程度。
剛剛那名服務生捧著一瓶葡萄酒走了過來。黑色的瓶身，標籤上寫著「Chateau du Tertre」。
「要先嚐嚐看嗎？」
要是喝了一口之後說難喝，侍酒師肯定會鐵青著臉從廚房裡衝出來。雖然那應該會很有趣，但是太浪費時間，於是御子柴搖了搖頭。反正自己吃慣的是感受不到母愛的家庭料理及醫療少年院裡的餐點，根本分不出葡萄酒的好壞。
接著女服務生送上了前菜。
「這是烤茄子冷盤。」
御子柴一邊吃著烤茄子，一邊觀察板倉的神情。板倉也正假裝若無其事地觀察著自己。
「知原是位什麼樣的客人？除了闊氣及餐桌禮儀之外，你對這個人還有些什麼樣的印象？」
「雖然客人已經過世，但我不能說他的壞話。」

「這意思是你對他的印象並不好?啊，麻煩餐點送快一點。」

板倉愣了一下，轉頭望向御子柴。

「我很敬佩你的職業道德，但你不認為幫助活著的人，更勝過在意過世者?」

「唔……」

「你的證詞或許能夠幫助一個無辜的人洗刷嫌疑，還能夠幫知原找出兇手。」

「可是……」

「這是毛蟹酪梨圓塔佐魚子醬。」

「你們的餐點不錯，經理又是個具備職業道德的人，應該是每天座無虛席吧?連我都想要向律師朋友們宣傳了呢。」

板倉一聽到「律師朋友」這幾個字，臉上登時流露出盤算的眼神。

「既然是為了維護司法正義，看來我不應該再隱瞞。」

「這是生海膽紅蘿蔔慕斯的清湯凍。」

「老實說，知原先生對料理稱不上十分講究。比起料理，他更重視氣氛;比起氣氛，他更重視預算。所有的餐點，他都是靠預算來決定。」

「他在女伴的面前是個很紳士的人嗎?」

「他是個忠實於自身慾望的人。過去他曾經好幾次挑選溫和順口但酒精濃度很強的烈酒給女伴喝。」

「他到你們的店裡用餐，都是為了這種目的？」

「不論客人是基於什麼樣的目的光顧我們的餐廳，我們都是竭誠服務。不過……可以這麼說。」

「這是起司烤平貝。」

桌面逐漸被一道道料理占據。

「這是美國龍蝦佐羊肚菌醬。」

「這是松露風味褐洋菇肉醬。」

「受了烈酒洗禮的女伴，應該不會再上當吧？」

「沒錯，所以從來不曾有同一位女伴來兩次以上。」

難怪每個星期都換女伴。

「你還記得昨天他帶來的女伴嗎？」

「很抱歉，我昨天一直在廚房裡，並沒有到用餐區來。不過我們餐廳裡有專門負責招呼客人的女服務生，我去把她叫來。」

板倉離開桌邊，在餐廳內左顧右盼，似乎沒有發現那名女服務生，接著他走進廚房內。就在等待的期間，服務生送上了一盤味道特別濃的料理。

「這是今天的主餐，烤黑毛和牛佐紅酒醬。」

盤裡的牛肉只有表面烤得焦黑，內側還是生肉，肉汁與鮮血不停自斷面溢出。那彷彿具有象徵意義的畫面，讓御子柴看得頗不舒服。

「御子柴先生，真的非常抱歉。」

板倉走了回來，鞠躬說道：

「昨晚負責服務知原先生那一桌的女服務生，今天似乎剛好休假。」

御子柴在心中咂了個嘴。就只有這個女服務生，昨晚近距離聽見了那兩人在用餐過程中的對話。或許她有可能記得一些洋子忘了說或刻意隱瞞的對話內容。尤其是如果這個女服務生已經在這裡工作很久了，或許會特別注意知原那個花花公子的言行舉止。

「那女服務生叫什麼名字？」

「她叫森澤雛乃，明天她應該會來上班。」

「她在這裡已經工作很久了嗎？」

「不，她是上個星期才進來的新人。」

只能說人生不如意十常八九。如今也只能期待這個姓森澤的女服務生有著過人的記憶力。

「你對剛剛那兩個來問話的刑警也說了相同的話？」

「是的，他們說過幾天會再來一次。」

「我也是一樣。那個女服務生如果來上班了，在聯絡警察之前，請你先聯絡我。」

御子柴遞過名片，起身離開座位。

「啊……御子柴先生，您的餐點幾乎都沒有享用。而且我們還有甜點還沒有上。」

「我突然覺得很飽，失禮了。」

兩道憤怒的視線射在背上，御子柴當然沒有理會。

回到事務所一看，懲戒請求書的開封作業當然還是中斷的狀態，彷彿時間已經停止了一般。這讓御子柴深深體會到事務所的時間其實是靠著事務性工作來推動。

御子柴望著堆積如山的懲戒請求書與求償訴狀，試著回想在僱用洋子之前，自己是怎麼撐過來的。剛開始的時候，御子柴受雇於其他律師，努力學習擴大客群的技巧。獨立開業的時候，御子柴打腫臉充胖子，在高級地段虎之門租下了辦公室。所幸憑藉著能力，口碑馬上就傳了開來，經營算是非常順利。但畢竟辦公室的租金實在太高，並沒有餘力雇用兩名以上的事務員。御子柴試著在媒合雜誌上公開徵人，開出來的待遇條件甚至比一般事務性工作還差，對求職者來說應該是相當缺乏魅力。

但是這麼缺乏魅力的待遇條件，還是釣到了一個求職者上門面試，那就是洋子。

洋子在面試的時候，自稱從來沒有做過法律事務所的工作。御子柴一想到要從頭開始教起，就覺得相當麻煩，但轉念一想，沒有相關工作經驗的好處是不會有來自其他律師的刻板印象。反正如果真的不堪使喚，大不了將她解雇。

原本只是抱著姑且一試的心態，沒想到洋子的表現相當好。藉由御子柴的各種指示及定期參加的事務員研修活動，洋子的能力越來越強，一年之後已經不比其他法律事務所的事務員遜色。從性價比來看，御子柴感覺自己簡直像是挖到了寶。

問題是洋子為什麼會想要在御子柴的事務所裡工作？媒合雜誌上還有許多其他法律事務所的徵人啟

示，而且待遇都比御子柴的事務所好得多。當時御子柴這個名字，也不像現在已經轟動全國。那段時期御子柴所經手的案子之中，唯一受到媒體關注的，就只有發生在水戶市的那起女童凶殺案。在那起案子裡，御子柴雖然為被害人贏得了無罪判決，但沒有贏來任何掌聲，反而遭到輿論撻伐。

想到這裡，御子柴才驚覺自己的遲鈍。

自己其實對洋子這個人一無所知。

三十五歲，單身，一個人住在押上的公寓，臉上只化淡妝，與御子柴從前經手案件的相關少女經常互相聯絡。

御子柴對洋子的理解就只有這種程度而已。

一股莫名的不安感，讓御子柴決定走向櫥櫃。當初面試洋子時拿到的履歷表，應該還保存在櫥櫃裡。

洋子在面試時提出的文件，就只有履歷表及居民票而已。居民票上頭不會記載戶籍地，此時完全派不上用場。御子柴感興趣的是履歷表上的填寫內容。履歷表就像是表面上的人生紀錄，雖然裡頭可能夾雜了一些謊言，但多少還是能看出撰寫者的性向。

御子柴在櫥櫃裡翻找了一陣子，終於找到了那份履歷表。

履歷表上的欄位包含現在住址、電話號碼、聯絡方式、學歷、經歷、證照、求職動機、興趣及特殊技能、希望待遇。其中「聯絡方式」的欄位空著沒寫，或許是因為已經有現在住址及電話號碼的關係吧。「希望待遇」欄也是空著，當初面試的時候，亦不曾聽洋子提過這個部分。「興趣及特殊技能」的欄位只寫著

「閱讀書籍、看電影」，顯然只是敷衍了事的答案。

接著再看「學歷」及「經歷」，同樣沒有任何引人注意之處。上頭寫著洋子畢業於千葉縣內某短期大學，畢業後在東京都內某辦公儀器製造商工作約三年後離職。當初面試的時候，御子柴並沒有詢問上一個工作的離職原因。當時御子柴猜想若不是工作適應不來，就是人際關係處得不好。反正只要在試用期內確認堪不堪用就行了，過去的經歷並不重要。

短短三行的履歷，實在太過簡單扼要，甚至給人一種避重就輕的印象。畢業之後一直沒有換工作的情況並不罕見，但不知道為什麼，御子柴總覺得洋子的情況並沒有那麼單純。

接著御子柴又想起另一個重要的疑點。

洋子的家人知道她遭到逮捕了嗎？

不管是洋子本人還是桶屋，都完全沒有提到洋子的家人。不僅如此，御子柴與洋子多年以來一直在事務所內相處，御子柴竟然完全不曾聽洋子提過關於家人的事。

理由很簡單，因為御子柴自己對家人這個概念完全不感興趣，甚至可以說是避而遠之。既然是自己不感興趣的話題，當然就不會在閒談中提及，更何況御子柴根本不曾有過與事務員閒談的念頭。

當初實在不應該允許洋子將「聯絡方式」的欄位空著沒寫。如果當初要求她寫上老家的電話號碼，此時許多疑問立刻就可以得到解答。

洋子並非未成年少女，遭到逮捕時警方不太可能聯絡洋子的老家。何況如果警方通知了洋子的家人，照理來說家人應該會打電話到事務所來詢問詳情才對。雖然御子柴是個名聲不佳的律師，但大多數的人應該不會對家人隱瞞自己的工作地點。

日下部洋子這個女人到底有著什麼樣的來歷？

那張原本早已看慣了的臉孔，突然變得好陌生。她平常總是一副天不怕地不怕的態度，那真的是她與生俱來的性格嗎？抑或她只是在御子柴的面前演戲？

御子柴試著回想從前與洋子在這事務所內的對話。除了工作以外，兩人還說了什麼？就算不是與家人有關的話題也沒關係。交往的對象、近況、假日喜歡做的事情……什麼都可以。洋子到底曾經說過些什麼話？

但任憑御子柴再怎麼絞盡腦汁，還是什麼也想不起來。原因之一，當然是御子柴從來不與洋子聊天。但還有另外一個原因，那就是洋子這個人實在太過平凡。

不僅履歷表的內容單調乏味，而且除了處理事務性工作時非常細心之外，洋子可說是個完全沒有任何特色的女人。長得不美也不醜，不喜歡穿華麗的衣服，看起來不像是擁有特殊的興趣，也沒有特別明顯的政治理念。唯一的特徵，大概是喜歡孩子吧。問題是天底下大部分的女人都喜歡孩子。

難道這是洋子的刻意安排？藉由扮演一個平凡、沒有特徵的女人，將兩人閒聊的機會降至最低。

御子柴不由得心裡發毛。那感覺就像是看見平凡的日常生活脫下了虛偽的假面。自己號稱法律界的異端分子，竟然會產生這樣的感受，說起來實在滑稽。但從另一個角度來想，正是因為御子柴很清楚常識與刻板印象往往只是一線之隔，所以才會產生這樣的感覺。

御子柴再次望向洋子的辦公桌。已開封的懲戒請求書束成了一捆又一捆，邊緣排得整整齊齊。能夠排得這麼整齊，是因為使用了拆信機的關係。雖然有些過於神經質，但不可否認洋子做事非常細心。傳送到御子柴電腦內的懲戒請求者資料一覽表也編排得一清二楚。

工作上的精確，與個人特質的模糊，形成了強烈的對比，給人一種虛假的印象。

御子柴正凝視著電腦畫面，忽然手機響了起來，螢幕上顯示的是從來沒見過的電話號碼。

「喂？」

〈請問是御子柴律師嗎？我是 Le Bonheur Hazama 餐廳的板倉。〉

御子柴一聽，暗自期待對方已聯絡上那個女服務生。

「剛剛打擾了。」

〈真的很不好意思，剛剛跟您提到的女服務生森澤已經離職了。〉

「你是餐廳經理，怎麼會不知道對方離職了？」

〈是這樣的，您離開後不久，我們的員工就接到森澤打來的電話。她在電話裡說要離職，我們的員工還沒有把電話轉給我，她就掛斷了。〉

「你沒有打回去嗎？支付薪水、歸還制服什麼的，總有一些事情要談吧？」

〈她把制服放在置物櫃裡，這幾天的薪水也叫我們直接匯進她的帳戶。我打她的手機，發現那個手機號碼已經停用了。〉

「她不是用自己的手機打電話提離職？」

〈根據通話紀錄，她用的不是她自己的手機，而且從號碼看起來應該是家用電話。我也打過那支電

話，但沒有人接聽。〉

御子柴心想，那個森澤可能擁有好幾支手機。

〈因為這些種種理由，我可能幫不上忙，真是非常抱歉。〉

結束通話後，御子柴再度望向懲戒請求者的資料一覽表。現階段已有八百三十名懲戒請求者，地址遍及日本全國各地。年齡層以四十多歲為最大宗，大部分都是中高齡人士。十多歲到二十多歲的請求者所占的比例極低，而且根據洋子的推測，很可能是有人擅自用了他們的名義。

對這八百三十個愚蠢之輩，如今御子柴已絲毫不感興趣。或許有些人會認為他們只是一時做出了錯誤決定，應該對他們曉以大義，而非嗤之以鼻。但這些人並非三歲小孩，而是四、五十歲的大人。竟然會被一個部落客牽著鼻子走，這已經不是什麼單純的錯誤決定了。根本的原因在於愚蠢，而愚蠢是一種無藥可救的病。既然無藥可救，自己唯一能做的事情就是恥笑他們。

御子柴唯一在乎的事情，是殺害知原徹矢的凶手是否就在這八百三十人之中。

御子柴滑動滾輪，將一覽表的畫面往下移。這裡每一個人的姓名都只是單純的文字排列，但是當八百三十個人聚集在一起，就擁有了特別的意義。這就是所謂的「數量暴力」吧。雖然做法完全錯誤，但這八百三十份對「屍體郵差」的憎恨，可說是極為強烈。正因為太過強烈，所以無法自制。同儕壓力、人云亦云……同樣的現象可以有各種不同的說法，但說穿了就像是一種集體感染下的狂熱狀態吧。當然在所有看了部落格的瀏覽者之中，沒有參加懲戒請求行動的人應該還是占了大多數。這意味著那八百三十人的體內必定隱藏著染病的因子。

既然陷入了狂熱狀態，喪失理性也是理所當然的事。換句話說，這八百三十人之中躲藏著殺人凶手，絕對不是什麼牽強的推論。

向這八百三十人求償，觀察他們的反應，這個基本策略並沒有改變。但如今失去了擅長處理事務性工作的洋子，原本預定的計畫恐怕無法如期完成。這部分只能祈禱谷崎趕緊調派能力更勝洋子的人手前來幫忙。

另一方面，桶屋等刑警的動向也讓御子柴感到掛心。由於還沒有進入起訴階段，警方不會願意公開包含警詢筆錄在內的偵蒐資料。檢警與律師的最大差異，就在於蒐證能力。畢竟調查犯罪真相並非律師的本業，這樣的差異可說是理所當然。但是在極度不利的狀況下步入法庭，實在不是明智之舉。

左思右想之後，御子柴決定利用那個男人。御子柴於是撥打對方的手機號碼，在鈴聲響至第二聲的時候，對方便接起了電話。

〈喂，我是山崎。真是稀奇，御子柴律師竟然主動打電話找我。〉

電話另一頭的聲音顯得有些興奮。

〈通常這種時候，都是有工作要委託我，對吧？〉

山崎岳海，全國性幫派組織「宏龍會」的公關委員長，地位相當於組織內的第三把交椅。御子柴是宏龍會的顧問律師，雙方一直保持著聯繫。過去曾經有一次，御子柴在山崎的幫助下，將某案子從其他律師手中搶奪過來。

洋子極度厭惡山崎及其他宏龍會的人物，但由於宏龍會支付相當多的顧問費用，再加上雙方多年來頗有交情，因此御子柴沒有辦法與宏龍會完全斷絕往來。

〈是關於你的事務員因殺人罪嫌遭逮捕的案子嗎？〉

連律師公會的情報網也沒有掌握到的消息，黑道分子卻早已聽到了風聲。谷崎要是聽到了這件事，不知會露出什麼樣的表情。

「你的消息真靈通。」

〈這是我唯一的長處。人真的是洋子殺的？〉

「是不是都與你無關。」

〈也與你無關，不是嗎？律師先生，你的工作不是裁決善惡，而是維護委託人的利益。〉

「所以我才會擔任宏龍會的顧問。」

〈哎喲，果然還是說不過大律師。你敢對黑道流氓說這種話，所以我才那麼喜歡與你抬槓。〉

「你到底要不要聽我說？」

〈洗耳恭聽。〉

「我需要警方的搜查資料。你在警界不是有人脈嗎？我想知道他們掌握了什麼樣的證據，以及在什麼樣的地方取得了什麼樣的線索。」

〈為什麼要在起訴前？這麼性急實在不像是御子柴律師的作風。〉

「我有不得不急的理由。」

〈因為是自己人，所以想要盡快把她救出來？這更不像是你的風格。〉

山崎的聲音沉了下來，彷彿是為此感到不安。

「你認為我不應該這麼做？」

〈流於私情往往不會有好結果。尤其是像你這種向來不在工作中夾帶感情的冷血漢子，一旦把持不住，很可能會變成致命傷。〉

就連為親生母親辯護時，我也沒有流於私情……御子柴忍不住想要這麼說，但最後沒有說出口。以山崎這個人的能耐，想必早已把自己經手的每一件案子都調查得一清二楚。

「我為事務員辯護，是要讓事務所內的業務執行得更加順利，除此之外沒有任何理由。」

〈好吧，就當作是這麼回事吧。我為你做這件事，你給我什麼好處？〉

「顧問契約延長一年。」

〈喂，你竟然對黑道流氓開出這麼小家子氣的條件，這對我一點好處也沒有。〉

「擔任反社會勢力的顧問延長一年，這對我可是有極大的壞處。除了我之外，你們也找不到其他有能力的律師。」

〈……真是狗眼看人低。〉

「這是被看者的錯。」

〈太過分了，真的太過分了。〉

山崎抱怨了一陣子後掛斷了電話。

雖然山崎怨聲連連，但御子柴並不擔心。山崎不愧是以情蒐能力作為唯一的武器，他所掌握的情資有著相當高的精確度。而且御子柴相當瞭解這個男人的性格。雖然目前的條件乍看之下對他不利，但他一定會以長遠的眼光，設法從中謀求他的最大利益，不會輕易拒絕自己的託付。

御子柴在心中暗忖，現階段還有什麼手段能夠運用？

凝視著一覽表，低聲唸出上頭的每一個名字。

你在這裡頭嗎？

別以為你奪走了我的一名事務員，就算是占了上風。別以為你躲在人群之中，我就沒辦法把你找出來。

御子柴對著那看不見的敵人默默挑釁。

*

同一時間，遭逮捕的洋子即將在留置室內渡過第一個晚上。

留置室分為三個區域，分別留置男性、女性及未成年人。與看守所或監獄的最大不同，在於留置室某種程度上顧及被留置人的隱私，鐵欄杆上裝設著不透明的隔板，當被留置人坐下時，從外側只能看得見頭部。女性被留置人的各種事務皆由女警負責處理，因此也不會感覺到過度緊張。

然而遭到逮捕畢竟是事實，洋子依然難掩心中的不安。洋子從室內的收納庫裡取出棉被，像隻蓑蛾一樣把整個身體包起來。留置室裡明明有完善的空調設施，洋子卻感覺到全身發冷，如果不用棉被包住身體，彷彿馬上就會凍僵。

留置是一種剝奪嫌犯尊嚴與抵抗能力的手段。雖然是由女警負責管理，但在入室前必須接受徹底的身體檢查，就連沖澡也必須受到監視。這種尊嚴受到踐踏的感覺，會讓嫌犯的心態變得卑微而脆弱。警方雖然一再強調維護人權，卻以留置的方式強迫嫌犯屈服。

洋子多年來一直從旁協助御子柴的律師工作，這次是第一次進入留置室，而且還是以嫌疑人的身分，這讓洋子不禁感慨自己實在是個與枯燥人生無緣的女人。

不過若要以「與枯燥的人生無緣」作為比較的基準，當然誰也比不上御子柴。先是收到了大量的懲戒請求書，正要以求償作為反擊，沒想到事務員竟然成了凶殺案的嫌犯，簡直就像是每天都在坐雲霄飛車。自己每天都和這樣的人一起行動，難怪會覺得像知原那樣的男人過於乏味。

洋子不禁又想，御子柴在會面的最後一刻所說出的那句話，確實很符合他的理念。

「不管人是不是妳殺的，我都會把妳救出來。」

好歹也該說一句「我相信妳是清白的」。但御子柴從來不相信自身以外的任何人，這就是他的風格。

他到底打算以什麼樣的方式把自己救出去？凶器上頭有自己的指紋，局勢對自己極度不利。但依御子柴的個性，他不見得會採取正當手段。他所採取的手段，往往是遊走在法律的邊緣。他是一個為了達到目的，可以不擇手段的人。為了謀求委託人的最大利益，就算要他做出違法的行徑，他也不會有所遲疑。這就是律師御子柴的辯護理念。

一個擁有強烈信念的人，往往會為了信念而違背世間常理。明明認為自己做的是正確的事，卻會成為世人眼中的無法之徒。御子柴正是最好的例子。為了洗刷洋子的冤屈，這次他不知又會犯下什麼樣的惡行。

然而洋子心中的憂慮，還不止如此。依御子柴的個性，他不僅會追查知原的底細，而且也會想辦法把洋子的私生活查個一清二楚。如此一來，過去自己一直隱瞞的事情也會被他發現。

正因為瞞著沒說，才能夠和平相處。

兩人的關係必須建立在隱瞞的前提之下。

就算對象是自己人，御子柴的調查行動也不會有所顧忌。洋子長久以來一直觀察著御子柴，因此非常清楚這一點。

洋子不禁有些後悔。或許打從一開始，就不應該委託御子柴為自己辯護。但她心裡明白，只有御子柴才能夠幫助自己重獲自由。

這兩難的局面令洋子大為苦惱，或許這就是俗話所說的進退維谷吧。

在進入了關燈時間的留置室裡，洋子靜靜地顫抖著。

## 3

到了隔天六月三日，御子柴再度造訪警視廳。

辯護人委任書已交由洋子簽名之後上呈警視廳，在複本上蓋了受理章。從這一刻起，御子柴正式成為守護洋子權利的辯護人。

今天御子柴來見洋子的目的，是想問清楚關於家人的一些疑點。這次洋子遭到逮捕及留置的事情，是否要聯絡家人？就算洋子拒絕聯絡，只要能問出一些關於洋子的家庭背景，也算是有所斬獲。

然而當御子柴在櫃檯提出會見申請時，竟然遭到了拒絕。警方的理由，是待會要進行逮捕後的第一次偵訊。

「既然你們要進行偵訊，我以辯護人的身分要求陪同。」

御子柴如此告訴留置管理課的櫃檯人員。不一會，桶屋走了出來。他看起來氣定神閒，一點也不慌張，或許是因為他很清楚當警方進行偵訊時，律師並沒有要求陪同的權利。

「連續兩天都來見嫌犯？你真是個工作狂。」

「我要求在我的陪同下進行偵訊。」

「很抱歉，我拒絕。不過你放心，我們只是要再次確認她的不在場證明，何況偵訊的過程都會錄影存證。」

警方的反應，早在御子柴的預期之內。正因為如此，御子柴才會要求洋子「當自己不在場時徹底行使緘默權」。只要洋子持續保持緘默，最後警方無計可施，或許會答應在御子柴的陪同下進行偵訊。問題只在於洋子是否能承受得了桶屋等人的反覆詰問。大多數的人在留置室裡待了一晚，都會喪失抵抗的意志力。接著又連續四個小時被人一再詢問相同的問題，判斷及辨識能力也會逐漸鈍化。御子柴並不清楚洋子的精神及體力能否熬過這段時間。

「如果不同意我陪同，那我要求在你們開始偵訊之前，先讓我見她一面。有一些注意事項，我得先告知她。」

「我還是拒絕。偵訊馬上就要開始了。」

從法律的觀點來看，此時是警方占了上風。御子柴迫於無奈，只能退讓。

向洋子詢問家庭背景的部分，只能暫時保留。反正到時候取得戶籍資料，上頭就會有洋子的老家地址。

「委託人是否希望聯絡家人？」御子柴問道。

「她沒提過，但我想她應該不會希望聯絡家人吧，畢竟面子上掛不住。」

「面子上掛不掛得住，並不是由你決定。我建議你務必向她確認，否則我會以蔑視人權為理由提出抗議。」

「大律師做事真是周到。」

桶屋無奈地聳了聳肩。

「我們是講求民主的警察，絕對尊重嫌疑人的人權。就算是將五歲女童分屍的國中生，我們也不敢隨便亂來。」

御子柴不禁莞爾。言詞上的反擊就只是這種程度而已？或許根本不用擔心洋子會承受不了。

「我過段時間會再來。」

說完這句話後，御子柴頭也不回地走出警視廳。

接著御子柴前往了凶案現場，也就是東京地下鐵押上車站。此時現場已解除封鎖，A 2 出口不斷有乘客進出車站。

知原的屍體是在出口後頭的樹叢裡被人發現。死亡推測時間，是六月一日的晚上九點至十一點之間。致命傷在腰際，似乎是被人以尖刀刺入，傷口極深。

御子柴環顧四周。約二十公尺遠處有一臺監視器，但樹叢不在攝影可及的範圍之內。凶手只要一直走在出口的後側，就不用擔心會被監視器拍到。

犯案的地點，想必也是警方懷疑洋子是凶手的理由之一。唯有經常進出這個車站的人，才會知道監視器的死角。此外凶手在訂定犯案計畫時，也必須瞭解這個車站在那個時間點的乘客流量多寡。

然而這樣的推測還是有疑點。假設洋子真的是凶手，她為了以這裡作為下手地點，故意選擇晴空塔城作為約會地點，這乍看之下好像非常合理，但他們用餐的「Le Bonheur Hazama 餐廳」是知原常光顧的店，而不是洋子。何況如果洋子是在知原選定約會地點後才訂定殺害計畫，照理來說應該會選擇其他的下手地點。雖然押上車站的出口後頭不用擔心會被監視器拍到，但距離洋子的住處太近，洋子不太可能選擇這裡作為殺人的舞臺。殺人凶手通常為了保護自己，會盡可能避免讓警方在自己的生活據點內進行搜索。

洋子這個人雖然稱不上狡猾，但絕對不是個笨蛋。何況她經手過許多起刑事案件，也知道許多過去的案例，以她的知識與能力，實在不太可能愚蠢到在自己的住處附近犯案。如此說來，她很有可能真的遭到了冤枉。

雖然還有很多疑點等待釐清，但現階段還沒有取得警方的搜查資料，對犯案現場的勘查就只能做到這種程度而已。

接著御子柴前往了千代田區大手町。許多銀行及證券公司的總部大樓都在這一帶。知原生前所任職的「阿卡迪亞經營顧問公司」的辦公室，也在這裡的某複合式商辦大樓內。商業顧問公司將辦公室設置在這大企業林立的地區，正與御子柴將事務所設置在東京看守所附近有著異曲同工之妙。盡量將工作的地點安排在客戶的附近，可說是商場上的常態。

商業顧問的工作，簡單來說就是為企業提供各種建議。代替客戶企業解決ＩＴ、人事、財務及其他經營上的問題，是其主要的業務。

御子柴在櫃檯處告知了來意，不一會兒走出一名自稱知原上司的女人。從對方的反應，可看出知原過世的消息應該已在公司內傳開。

「我是財務規劃室室長野際貴子。」

那昂首闊步的舉止，或許來自於對自身工作的自信，也或許只是為了在男性主導的公司裡維持體面。御子柴對這個女人的第一印象，是得體的服裝儀容，以及拘謹嚴肅的態度。女人走上前來交換名片，御子柴聞到了刺鼻的香水氣味。

進入會客室後，野際或許是為了節省時間，開門見山地說道：

「昨天也有警視廳的刑警來問話。你想問的問題，應該也跟他們一樣吧？」

看來這裡也被刑警捷足先登了。不過這也是理所當然的事情。

「你是律師？這麼說來，你的立場是站在嫌犯那一邊？」

「我站在哪一邊，並不影響妳的回答內容。為了讓死者得以瞑目，我們必須查出真相，這是我們的共同目標。」

面對不同的問話對象，必須使用不同的說詞，這是最基本的說話技巧。御子柴原本以為對方聽了會流露嘉許之色，沒想到野際反而露出了懷疑的眼神。

「我不認為追求真相能夠讓知原瞑目。我不是故意要說死人的壞話，但是在我看來，知原的字典裡並沒有真誠、真相這些詞彙。」

「他是一個不誠實的人？」

「他在工作上的表現相當優秀，否則也沒辦法在財務規劃部門擔任經理。客戶也很器重他，說他給的建議都很有幫助。」

野際在稱讚部下的時候，眼神卻帶著一股厭惡之情。顯然知原這個人的問題不在於工作，而在於工作以外的部分。

「妳不太喜歡知原這個人？」

「他是一個很好的部屬，但是在生活上，我完全不想跟他有所往來。」

「聽說他同時和好幾名女性交往，是真的嗎？」

「豈止是人數的問題而已。」

野際似乎覺得自己說得過火了，輕咳一聲後改口說道：

「這畢竟是他的私生活，不是我該置喙的事情。」

「這是否代表有人對他懷恨在心？」

「我不想說死者的壞話。」

「妳的品德令人敬重，但品德沒有辦法解決刑事案件。我們如果沒有正確理解受害者的人格特徵，很可能會造成冤獄事件。」

「但是警察說他們逮捕凶手，是因為掌握了鐵證。」

「不是凶手，只是嫌疑人而已。目前雖然有物證，但是動機太過薄弱。知原是因為感情糾紛而遭到殺害嗎？我總覺得有些牽強。」

「你覺得牽強，我倒覺得他會死於感情糾紛是理所當然的事。」

或許是因為剛剛遭到否定的關係，野際的口氣有點不高興。

「對他來說，那些交往的女性都只是金雞母而已，根本不是戀愛或結婚的對象。」

御子柴聽到這句話，登時心中一驚。

「金雞母？一個任職於外商顧問公司的菁英分子，應該不可能在私底下從事色情媒介吧？」

「你知道他交往的那些女性有著什麼樣的背景嗎？除了人數眾多之外，而且職業涵蓋各種領域，金融、證券、不動產、零售業、連鎖餐廳、網路事業、私人診所……」

「能否告知具體的企業名稱？」

御子柴聽了野際所舉的那些企業名稱，更是大為驚奇。每一家企業都有一些不好的傳聞，有的是作假帳，有的是違法交易，有的是員工傳出醜聞，有的是背後有黑道涉入。

「現在你明白了吧？他和那些女性交往，追求的不是愛情或心靈的平靜。他刻意挑選一些傳出負面消息的企業，鎖定在那個企業裡上班的女性，從對方的口中套出一些企業的內部機密，以此作為拓展客戶的籌碼。」

御子柴聽了野際的說明，這才恍然大悟。原來這就是知原看上洋子的理由。洋子所任職的法律事務所，是由一個背負著黑暗歷史的律師所經營，負面傳聞遠大於其他企業。像這種由問題人物所經營的事業，正是商業顧問公司眼中的肥羊。換句話說，知原真正感興趣的人不是洋子，而是御子柴。

「負面傳聞是企業的弱點？」

「既然會傳出負面傳聞，代表企業內部有著無法解決的問題，對我們顧問業來說，那正是最佳的客戶。」

「這是開拓市場的手法之一？如果是這樣的話，知原能夠為你們帶來龐大的利益，應該是你們公司內部的重要人才吧？」

「身為女性，我只能認同一半。」

野際的臉色比剛剛更加嚴峻。

「知原能夠為我們掌握客戶企業內部的情資，這當然是求之不得的好事，但是他善後的手法實在太過差勁。當那家有問題的企業變成我們的客戶之後，提供情資的女性在知原的眼裡就失去了利用價值。接下來他會想辦法與那女性斷絕關係，做法冷酷無情，完全不考慮對方的感受，簡直是把對方當成了垃圾一樣隨手就丟。其中有些女性已經跟他論及婚嫁，但是他對她們連瞧也不瞧一眼。雖然從公司的角度來看，知原是相當重要的人才資源，但以一個男人而言，他簡直是個渣男。」

或許可以形容為男人版的桃色陷阱吧。而且知原在事後沒有妥善安撫那些女性，可想而知遲早會出事。

「他這樣的做法，應該也給你們公司添了不少麻煩吧？」

「知原本人似乎認為這也是工作的一部分，但偶爾會有遭到拋棄的女性受害者跑到公司來找人。她們在櫃檯大吵大鬧，一下子說要見知原，一下子說要見知原的上司，一下子又說要見社長，甚至有些女性會以自殺作為威脅。」

「你們一定覺得不堪其擾吧？」

「站在公司的立場來看，那簡直就像是把感情糾紛帶到職場來。但因為知原的業績實在太好，大家都不敢嚴厲指責，到後來只能冷眼旁觀。我身為知原的直屬上司，應該要明確地制止他繼續這麼做下去才對，但畢竟千代田區在我們這個業界屬於一級戰區，競爭非常激烈，我們需要知原的業績。」

「所以妳認為知原遭到殺害，很有可能是感情糾紛所導致？原來如此，我明白了。知原與那些女性的糾紛，過去是否曾經演變成傷害事件？」

野際無奈地點頭說道：

「有位女性聽說被迫拿掉了孩子，氣得拿刀子在我們辦公室的樓層裡到處揮舞。我這麼說或許不太妥當，但我非常能夠理解那位女性的心情。」

「每次知原惹出事情，你們是否會做紀錄？」

「當然，我們還列成了名單。」

「請務必讓我一睹這份名單。」

「很抱歉，這屬於公司內部機密。何況這也涉及了那些女性的個人隱私。」

「你們公司與那些女性並沒有事先約定個人資料的處理原則，何況那些女性也不是你們公司的客戶，你們應該擁有決定權才對。」

御子柴將身體湊上前去。野際似乎有些受到震懾，上半身往後縮了縮。

「從我們剛剛的對話，我聽得出妳並不同情知原，反而同情那些遭知原拋棄的女性，是嗎？」

「畢竟是同性，我當然會感同身受。」

「或許妳已經知道了，我的委託人同樣是女性，而且也曾經遭到知原利用。警方主張掌握了證物，但我的委託人堅稱她真的沒有殺人。事實上我也相信她是清白的，我這麼說並不是因為我是她的律師。」

野際看著御子柴的眼神稍微起了變化。

「我的委託人也是妳所感同身受的女性之一。只因為她誤以為知原是個善良、隨和的紳士，如今成了籠中之鳥。」

御子柴故意使用了平淡的口吻。與野際這樣的女人說話，如果投入太多的感情，多半會造成反效果。

「她是否能夠洗刷冤屈，全在妳的一念之間。雖然以結果而言，可能必須暴露知原的惡行，但這麼做也等於是向所有的女性提出警告，讓她們知道這世上有著如此惡毒的男人。最大的重點，只在於妳是否認為知原為公司帶來的利益，大於為世上的女性敲響警鐘。」

野際沉吟了好一會，似乎下定了決心，起身說道：

「你等我一下。」

她的口吻已不像剛開始的時候那樣帶有戒心。

數分鐘之後，野際走了回來，手上拿著一份檔案夾。

「這是曾經與知原發生糾紛的女性名單，我影印了一份複本。」

趁著野際還沒有改變心意，御子柴趕緊接過檔案夾。

「只有實際惹出了事情，女性的名字才會出現在這名單上。除了這些女性之外，可能有些人的做法是打無聲電話，甚至是忍氣吞聲，像這樣的情況就不會出現在名單上。」

「我想也是。」

「所以這份名單沒有辦法直接用來過濾出嫌疑犯。」

「警察那邊，妳應該也給過相同的名單吧？」

「是的……」

「請放心，我一定會比警察更加善用這份名單。」

「你真有自信。」

「畢竟這是救人的工作，如果自信不夠，可沒有辦法堅持下去。」

御子柴將檔案夾放進公事包裡，同時提出一直存在於心中的疑問。

「還有一點，我實在想不通，想要向妳請教。」

「如果是我知道的事情，我會盡量回答。」

「知原不斷搭訕任職於特定企業的女性，這樣的行動力實在讓人相當佩服，問題是他如何得知哪些女性在他所鎖定的企業上班？難道是埋伏在那些企業的門口，等到有女職員走出來，先尾隨跟蹤，再加以搭訕？如果他真的採取這樣的作法，我不禁懷疑，他搭訕女性的成功機率未免太高了一點。難道他的泡妞能力，遠超過他的顧問能力？」

「……這年頭已經不流行搭訕、泡妞這種行為了。又不是年輕人，就算男人長得再帥，一般成熟女性一定會抱持戒心。」

「既然如此，知原到底採取了什麼樣的策略？」

「他好像是靠人居中仲介……不過我也只是聽說而已，並不曾聽他親口說過。」

「能請妳詳細說明嗎？」

「另外有一個負責仲介的女人，會幫他找出在目標企業上班的女性對象。做法就像你所說的，埋伏在那些企業的門口，等到有女職員走出來再尾隨跟蹤。當然還有另外一個做法，是設法取得那一家企業的職員名冊。」

原來如此。同樣是搭訕，如果搭訕者也是女人，通常較不會產生戒心。

「變成了朋友之後，負責仲介的女人會一直找對方閒聊，讓她卸下心防，接著再將知原介紹給她認識。因為是朋友的朋友，戒心當然也會大幅下降。」

「那個負責仲介的女人，妳知道她的姓名嗎？」

「這我就不清楚了。」

御子柴雖然沒有得到最後一個問題的答案，還是心滿意足地告辭離開。

那個負責仲介的女人，當初洋子已經提及了。多半就是那個將知原介紹給洋子認識的南雲涼香。洋子以為她們兩人是在霞關的咖啡廳偶然認識，實際上卻是落入了事先安排好的陷阱之中。

洋子曾告知涼香的聯絡方式。但所謂的聯絡方式，其實只有電子信箱而已。御子柴試著寫了一封信過去，但沒有收到任何回應。想來應該是因為知原遭到殺害，涼香感覺到危險，因而躲了起來。

目前這電子信箱是與涼香取得聯繫的唯一手段。御子柴正思索著對策，手機忽然響了起來。

來電者是山崎。為了保險起見，御子柴先進了車內才接起電話。

〈大律師，現在方便說話嗎？〉

「可以。」

〈昨天晚上你拜託我的事情，已經搞定了。〉

「看來你不僅消息靈通，而且做事挺有效率。」

〈真是有口無心。如果你要稱讚我，麻煩請花點心思，說些讓我開心的話。〉

「你想要我稱讚你？真是古怪的興趣。」

〈……警方的搜查資料，我已經寄到你的電腦裡了。我本來想要幫你取得原始資料的複本，可惜沒有成功。這些電子檔，你猜我是怎麼弄到手的？〉

「我沒興趣知道。」

回到事務所之後，打開電腦一看，果然信箱裡有著絕大部分搜查資料的電子檔。現場照片、凶器照片、驗屍報告、鑑識報告、死亡診斷書……只要再補上偵訊筆錄，就可以移送檢察廳了。

御子柴仔細檢視每一份資料。知原的屍體腰際流出大量鮮血，死亡診斷書中亦曾提及腰際的穿刺傷很可能就是致命傷。傷口的形狀，與遺留在現場的小刀刀尖形狀相符。此外，那把小刀的刀刃經過特殊加工處理，比一般的小刀更加尖銳。

鑑識人員在現場採驗到許多不明毛髮與鞋印，並沒有任何一樣與洋子相符，但是作為凶器的小刀上只驗出了洋子的指紋。想必這就是搜查本部決定將洋子逮捕的關鍵證據。

被害人知原徹矢的人際關係部分，搜查本部採納了上司野際的證詞。但其中並不包含居中仲介的女人的部分，或許是被刻意刪除了，也或許警方並不知情。如果警方不知道這件事，搜查進展上的劣勢可說是扳回了一城。

時間就在審視搜查資料的過程中一分一秒流逝。當御子柴回過神來，發現時間已過了午夜十二點。御子柴懶得返回住處，決定今天晚上就睡在事務所內。

星期一的清晨，事務所內電話的鈴聲將御子柴從睡夢中喚醒。一看時間，此時是早上八點三十分。昨晚分析搜查資料直到凌晨四點多，原本只打算小憩片刻，沒想到竟然一覺到天亮。

來電者是谷崎。

〈御子柴，你已經到事務所了？〉

「我現在連一個事務員也沒有，只能提早上班了。」

〈你放心，今天就會有了。日下部的職務代理人已經決定了，等等就會過去。〉

「謝謝，這職務代理人，你是從哪一家法律事務所找來的？」

〈到時候你看了就知道。這個人的事務處理能力保證是第一流的。〉

御子柴聽出谷崎的話中似乎暗藏玄機。但只要能夠有效率地執行停滯不前的事務工作，不管是誰來都無所謂。

〈我叫他最晚九點之前要到你的事務所，這時間應該快到了吧。〉

掛了電話之後，御子柴開始了迎接職務代理人的準備工作。所謂的準備工作，其實只是將洋子的桌上那堆積如山的懲戒請求書區分成已經處理完畢及尚未處理而已。

這職務代理人既然是谷崎介紹來的，多半知道御子柴從前做過什麼事。這個人竟然會答應來幫忙，想來實在是有些不可思議。若不是像洋子那樣的怪人，就是被好奇心與追求刺激的心情沖昏了頭的好事之徒。

到了八點五十五分，門鈴響起。

「門沒有鎖，進來吧。」

御子柴這句話一喊，大門應聲而開。

「早安……」

男人打招呼的口吻，彷彿正在做一件這世上最厭惡的事情。

御子柴著實吃了一驚。

走進門內的男人，竟然是同屬東京律師公會的寶來兼人律師。

洋子曾經將御子柴的人生比喻為雲霄飛車。事實上若要以「命運多舛」作為比較的基準，寶來也不遑多讓。

政府在平成二十二年（西元二〇一〇年）六月修訂《貸金業法》，消除了貸款利率的灰色地帶。債務人透過律師向金融業者索討過度繳息金的風氣達到巔峰，許多法律事務所趁勢崛起，趕上了這股浪潮。其中最具代表性的例子，就是寶來所經營的「HOURAI 法律事務所」。

寶來的事務所本來就以債務清算為主要業務，其規模在時勢的助長下快速膨脹，全盛時期旗下擁有多名受雇律師，事務員人數超過一百四十人，甚至還在全國各地設立分部。

然而好景不長，寶來的春天只維持了相當短暫的時間。畢竟索討過度繳息金並非寶來的獨占事業，全國的律師及代書皆爭相轉換跑道，改以債務清算為主要業務內容，只為了搶食這塊大餅。

過了幾年之後，索討過度繳息金的風潮卻由盛轉衰，訴訟案的數量也逐年減少。原本以為是取之不盡、用之不竭的資源，轉眼之間竟被吃得一乾二淨，只遺留下過度龐大的事務所，以及一群工作量大減的律師。「HOURAI 法律事務所」因為膨脹的速度太快，受到的衝擊最為明顯。這兩年他被迫關閉全國的分部，大量解雇事務員。

寶來自己也因為多年來只擅長債務清算，變得沒有辦法以其他民事或刑事案件餬口。當初意氣風發的時候，寶來曾經打算出馬角逐律師公會的會長，但一個只會債務清算的律師，沒辦法獲得其他律師的敬重，最後當然是落選了。名利雙失的寶來，運氣可說是墜入了谷底。不僅事務所規模大幅縮小，而且每個月的營收只能勉強支付事務所的租金。現在的寶來，就像是「落魄暴發戶」的代名詞，他的事蹟在法律界裡成了人人口中的笑柄。

「谷崎律師叫我來這裡幫忙。」

從寶來的口氣，可以聽出他正努力壓抑著情緒。當初春風得意的律師事務所法人代表，如今卻成了別家律師事務所的事務員職務代理人，不難想像他心中有多麼懊惱與不甘心。

谷崎刻意安排寶來為事務員職務代理人，說穿了只是在故意整他。寶來明知道這是在譏諷他接不到委託工作，卻因為谷崎在律師公會內依然頗有權勢而不敢拒絕。谷崎這樣的做法，等於是一方面滿足了御子柴的要求，一方面也捉弄了寶來，可說是一石二鳥的計策。何況求償業務基本上只是相當單純的機械化作業，一般的事務員也能執行，若從尖酸刻薄的角度來看，谷崎等於是在暗示這樣的工作正適合交給寶來。這惡毒又刁鑽的連環計策，令御子柴不由得暗自苦笑。

「能夠得到寶來律師的幫助，真是與有榮焉。」

御子柴雖然盡量隱藏臉上的苦笑，但口是心非的客套話還是相當明顯。寶來當然也心知肚明，從頭到尾臭著一張臉。

「不，我能夠協助鼎鼎大名的御子柴律師，才真是三生有幸。」

要比口是心非的客套話，寶來也有兩把刷子。回想起來，當初御子柴的過去犯行在律師公會內剛傳開時，寶來正是第一個以不適任為由提出懲戒請求的人物。如今他卻被迫協助御子柴提出損害賠償要求，這是多麼諷刺的一件事。

「請寶來律師做這樣的事情，真是殺雞用了牛刀。」

「不……或許像我這樣的人，正適合做這樣的事。」

寶來的口氣忽然帶了三分感傷。

「我也曾經遭人提出懲戒請求。這次能前來幫忙，對我也是相當寶貴的經驗，所以谷崎才會建議我這麼做。」

寶來遭人提出懲戒請求的事情，御子柴也曾聽過傳聞，據說是因為寶來擅自挪用了客戶交付的和解金。在消息還未經證實的階段，律師公會原本採取觀望的態度，沒想到竟然有一般民眾在看了網路新聞後主動提出懲戒請求。

「明明不是律師，卻對律師提出懲戒請求，未免過度膨脹了自己的權利。對律師進行懲戒是律師公會的權限，那些民眾卻誤以為那是全體國民的權利，他們以為自己是什麼大人物？」

寶來再怎麼落魄，畢竟也是一名律師。關於律師自治的理念，他與其他律師可說是大同小異。雖然他的口氣中帶了三分特權階級意識，但除了這點之外，他的這番話基本上有其道理。

寶來抬頭在事務所內左右張望，那眼神簡直像是在品評別人家裡的廚房。當他看見洋子的辦公桌，臉上微微變色。

懲戒請求書堆成一座小山，彷彿隨時會發生山崩。寶來一臉納悶地走上前去細看，接著皺眉說道：

「雖然我早已聽過傳聞，但如今親眼看見，還是覺得很驚人。這裡到底有幾封？」

「現階段是八百三十封。」

「簡直像是全天下的傻蛋名冊。一個事務員要處理這全部的請求書？」

「我只雇得起一個人。」

「從以前到現在都只有一個人？」

「一個就足夠了。」

「看來你的事務員非常優秀。一個人做這麼多事，要不進步也難。」

寶來看著那堆積如山的懲戒請求書，嘴裡咕噥道：

「這些人每個都自詡為正義之士，卻只會拿那個部落客公布的格式及詞句照抄。如果這樣就可以守護正義，那正義未免太廉價了一點。」

寶來轉頭面對御子柴，剛剛那副虛偽的客套表情已然消失，反而流露出一種心直口快的真誠。

「這讓我想起了某組織官方雜誌※的名稱。自由才是最大的束縛，正義才是最大的亂象。尤其是網路上的正義，那些狗屁不通的道理比五歲小孩的童言童語更加幼稚。明明只是個人的好惡問題，那些人卻喜歡擺出道貌岸然的態度，拿著正義當幌子。說穿了只是一群不敢大聲說出『喜歡』或『討厭』的無能之

※某組織官方雜誌：這邊應該是影射日本律師聯合會所發行的雜誌《自由與正義》。

輩。」

這應該是寶來的真心話吧。話鋒雖然一樣犀利，卻不再拐彎抹角。

「御子柴，我看我們就別演了。以前我曾經針對你提出過懲戒請求，這你應該很清楚。」

「我知道這件事，但我並沒有把你當成敵人。」

「憑我的斤兩，還不夠格當你的敵人，對吧？」

御子柴心裡正是這麼認為，但沒有說出口。

「我跟你同樣在組織裡遭人厭惡，不如把話攤開來講。」

「如果你不想做這種事務性的工作，可以告訴谷崎。」

「我沒說不想做，事實上我對這件事相當感興趣。」

寶來以手指在那些懲戒請求書上輕敲，說道：

「我記得那部落客好像化名『國家正義』？御子柴，你認為這傢伙是否躲在這八百三十人之中？」

「不無可能。就算他只是煽動群眾，自己什麼事也沒做，當我對所有人求償時，他應該會採取某種行動。」

「為了把部落客引出來，不惜讓這些民眾倒大楣？」

「他們是自作自受。」

「我有同感。」

獲得寶來的認同根本不是什麼值得開心的事，但御子柴當然也沒有把這句話說出口。

「事實上我感興趣的不是這件事，而是這個部落客。我很想見識一下，到底是什麼樣的人物煽動了群眾。是一個腦袋裡充滿正義幻想的老古板？還是一個只會自我膨脹卻缺乏社會經驗的宅男？如果可以的話，我很想當面見一見這傢伙，將他好好數落一番。」

數落一個腦筋不怎麼聰明的傢伙，基本上這種行為實在不是什麼上得了檯面的事情。但不知道為什麼，這句話從寶來的口中說出來，卻變得極為自然。或許這也是寶來的人格特質使然吧。

「當然，遏止這種風氣，也是保護我自己。正因為利害關係一致，所以我接下了事務代理人的工作。」

「多謝。」

「另外我還有個提議。」

「請說。」

「如果我成功揪出這個『國家正義』，你是不是應該額外給我一筆獎金？」

御子柴完全沒料到寶來會說出這種話，忍不住轉頭朝他望去。寶來的臉上毫無笑意，看起來相當認真。

「這是個很值得進一步討論的提議。」

「看來在這一點上，我們也有了一致的利害關係。你可以掌握敵人的身分，我可以有臨時的收入。」

而且可以獲得優越感。還有，畢竟寶來只是協助確認部落客的身分而已，所以不用擔心會惹禍上身。

以上大概就是寶來心中所打的算盤吧。

不過寶來說的也沒錯，這個交易對御子柴來說並沒有損失。御子柴能夠把大部分的時間花在為洋子辯護上，可說是求之不得。

「你打算拿多少獎金？」

「一百萬如何？」

「很恰當的金額，就這麼說定了。」

「達成協議。」

寶來伸出右手，想要與御子柴握手，御子柴卻故意舉起雙手，以半開玩笑的口吻說道：

「那這邊就交給你處理，我差不多該出門了。」

「調查案情嗎？你處理案子可真是用心。我心裡常想，如果你把調查案情的時間拿來處理其他案子，以你的能力肯定能賺得更多。」

「謝謝你的寶貴意見，事務所就麻煩你了。」

御子柴接著簡單說明洋子的辦公用電腦的使用方式，便將寶來留在事務所內，獨自離開了事務所。如今自己必須以最快的速度抽絲剝繭，讓真相水落石出，根本沒有時間與寶來閒話家常。

昨晚檢視完警方的搜查資料後，御子柴發現了一、兩項疑點。目前無法得知桶屋他們是否也察覺了，但可以確定的是這些疑點顯然是這整起案件的重要關鍵線索。

將寶來一個人留在事務所裡，御子柴多少有些放心不下。但反正事務所內沒有什麼值錢的物品。雖說洋子的電腦也可以查得到過去的訴訟紀錄及客戶資料，但資料這種東西只在有能力的人眼裡才有價值，對寶來來說多半是毫無用處吧。而且所有的重要資料，都已保存在御子柴的腦海，更是讓御子柴無後顧之憂。

御子柴上車後，取出手機，點開監視器畫面。在寶來抵達的前一刻，御子柴在天花板附近安裝了一臺監視器，整間事務所都在鏡頭的拍攝範圍之內。畫面中可清楚看出寶來站在洋子的辦公桌前，一臉茫然地看著眼前的大量請求書。

雖然寶來是谷崎介紹來的協助者，御子柴並沒有天真到對他毫不提防。當初為了保險起見而添購的監視器，如今迎接了意料之外的客人，大幅提升監視的樂趣。

御子柴握著方向盤，心中盤算著寶來剛剛的提議。雖然寶來得意洋洋地聲稱雙方的利害關係一致，但那個狡獪的男人不太可能會顧慮他人的利益得失。御子柴心想，寶來這個人一定別有圖謀，揭穿他的陰謀詭計也是一樁樂事。

另一方面，涼香這個人令御子柴感到憂心。關於這個因野際的證詞而浮上檯面的女人，目前除了電子信箱之外完全沒有任何線索。

有沒有辦法取得她的照片？她在哪裡上班？她住在哪裡？目前可以確定的一點，是這個女人與知原必然有著極深的關係，而且在整個案子裡扮演著重要的角色。總之有幾個問題，得盡快向洋子問個清楚才行。

如果洋子得知她的職務代理人是寶來律師，不知會露出什麼樣的表情？

獨自被留在事務所裡的寶來，面對著大量的懲戒請求書，一時有些手足無措。雖然當初早已聽谷崎說明過，但如今面對八百三十封請求書，心情還是接近崩潰。過去債務清算的業務都是丟給事務員處理，此時全部都要自己來，恐怕得花上不少的時間才能適應。

當初聽谷崎提出這個要求時，寶來幾乎不敢相信自己的耳朵。自己是律師事務所的法人代表，竟然被叫去做事務員的工作，這簡直就像是一種懲罰。

寶來早就感覺到谷崎不喜歡自己。當初參選公會會長時，前去向他拜票，他所說的話可說是極盡尖酸刻薄之能事。

〈如果寶來律師當選會長，律師公會是不是應該改名為「追討過度繳息金聯絡會」？〉

整體而言，刑事案件的辯護沒有辦法獲得豐厚的收入，身為一名律師，應該守貧扶弱，為伸張社會正義貢獻一己之力。因此，像寶來這樣專門處理債務清算案件的律師，在律師公會裡很難受到尊敬與重視。如今的律師業界，還有著這種老掉牙的職業道德觀，其內涵可說是相當空泛，從二戰剛結束的年代到現在都沒有改變。

律師追求利益有什麼不對？

社會正義能夠當飯吃嗎？

心中的念頭，總是會忍不住流露在臉上。谷崎厭惡自己的最大理由，其實就在於新舊價值觀之間的矛盾。那些人卻總是表現出一副「你的人格有問題」的態度，令寶來感到懊惱不已。

但如今的寶來，根本沒有辦法違抗谷崎的命令。而且「HOURAI法律事務所」早已是門可羅雀的狀態，所以也沒有辦法以忙碌為理由拒絕。就在昨天，寶來忍受著心中的屈辱，答應了這個職務代理人的工作。

但以寶來的性格，當然不會就這麼忍氣吞聲。既然進了別人家的廚房，偷一點傳說中的料理法及食材應該不是太過分的事。有些食材由自己來調理，或許會比御子柴高明得多。櫃子裡的那些案件檔案夾，不斷刺激著寶來的好奇心。電腦裡的各種資料，更是散發出濃濃的金錢氣味。

但是對於那些提出懲戒請求的民眾，寶來剛剛說出的那些感想都是發自肺腑的真心話。從律師自治的觀點來看，這種宛如傳染病一般的懲戒請求風氣，無論如何必須以堅毅的態度加以遏止。

找出部落客的身分，具有兩個層面的意義。第一是揪出這場騷動的罪魁禍首，第二則是有機會讓自己從中獲利。

就算有辦法證明這個部落客以言詞煽動了八百三十個民眾，也沒有辦法讓他受到嚴懲。頂多就跟其他的懲戒請求者一樣，向他提出損害賠償的要求。

但這個人或許是個可以利用的人才。他僅以部落格上的一篇文章就讓八百三十人做出傻事，自己的事務所如果能夠雇用這個人，想辦法誘發他的實力，或許能夠開拓出全新的商業契機。

目前寶來想到的做法，是奪取其他律師手中的案子。利用網路或宣傳單，慫恿其他律師的客戶更換律師，選擇寶來的律師事務所。做生意的不二法門，是不要樹立敵人，如果能讓敵人變成同伴，那更是再好不過。寶來向御子柴提出的「一百萬圓」的獎金，其實只是個障眼法。寶來的真正目的，是設法與「國家正義」接觸，使其為自己工作。

要達到這個目的，首先得把他揪出來才行。對這八百三十人求償雖然費時費力，卻是無法省略的步驟。

寶來嘆了一口氣，動手將請求書一封封拆開。幸好日下部是個相當優秀的事務員，只要參考她製作到一半的資料一覽表，就可以輕易承接她的工作，將表格完成。

寶來不知道拆信機的使用方式，因此找來了一把事務用剪刀。每一次剪開信封，取出裡頭的懲戒請求書，寶來都感到心裡發毛。看著每一封請求書上頭的詞句，寶來不禁感慨，這輩子寧願遭到怨恨也不能遭到愚弄。

事務所裡只有自己一個人，而且因為地點的關係，外頭的車聲也不多，幾乎沒有什麼噪音。耳中只聽得見剪信封及敲打鍵盤的單調聲響，如此安靜的環境逐漸讓寶來投入了全部的專注力。回想起來，從前剛開設事務所的時候，自己也必須負擔一部分的事務性工作。

寶來就這麼抱著懷舊的心情，規律地動著自己的雙手。

## 5

御子柴首先前往了警視廳。一進入廳內，御子柴立刻走向留置室，提出會見洋子的申請。

「給您添麻煩了。」

洋子隔著壓克力板，對著御子柴恭恭敬敬地鞠躬。但是在御子柴的眼裡，委託人的態度不管是高傲還是誠懇，都沒有太大的差別。

御子柴關心的是洋子的臉色及說話的口氣。從中可看出警方的偵訊對她來說是否難熬，以及有沒有被問什麼難以回答的問題。

「他們問了妳什麼問題？」

「事發當天回家之後做了什麼事，有沒有和什麼人通電話。」

電視節目可以錄下來事後觀看，所以沒有辦法作為不在場證明的依據。最理想的狀況，是與家人以外的某人見了面，或是通了電話。但御子柴知道洋子這個人只要一下班就會直接回家，因此這個可能性不大。

「妳怎麼回答？」

「我保持緘默。」

洋子的聲音頗為僵硬。她在事務所裡，從來不曾以這樣的聲音說話。

「刑警在問話的時候，通常會先閒話家常，接著才慢慢進入案情的核心。越是老練的刑警，閒話家常與詢問案情的分界線越模糊，讓人搞不清楚。因此如果不想說錯話，應該從閒話家常的階段就保持緘默……我記得您曾經這麼說過，所以從頭到尾一句話都沒有說。」

「很好。問妳話的人，只有那個姓桶屋的刑警嗎？」

「對。」

「他有沒有確實遵守一天八小時以內的規定？」

「我沒有詳細計算時間，但應該沒有超過吧。」

「他還問了些什麼問題？」

「他一直追問我，我跟知原到底是什麼樣的關係，但我從頭到尾保持緘默，所以他這麼做沒有任何意義。」

「現在我以辯護人的身分再問妳一次，妳和被害人真的只是普通朋友關係？」

「就像我前幾天說的，雖然我不知道知原生前心裡怎麼想，但是對我來說，他就只是個可以帶我吃美味料理的朋友。」

御子柴接著說明知原的上司野際貴子所提供的證詞。包含對知原的評價，以及知原提升業績的手法。

原本御子柴以為洋子聽了會不開心，認為這是在說朋友的壞話，沒想到洋子絲毫不以為意，反而說了一句：

「果然。」

「妳早就察覺了？」

「知原經常詢問關於您及事務所的事，似乎他真正感興趣的是您的事務所，而不是我。例如他常問事務所的委託人裡有錢人多不多，一件案子平均可以拿到多少報酬什麼的，因為我有保密義務，所以總是隨口敷衍他。」

「他還是經常邀妳出來？」

「現在回想起來，只能說他是一個很認真工作的人。」

洋子露出譏諷的微笑。

「刑警還問了什麼？」

「在我指定您為辯護人之後，他還問了一些關於您的事。」

「關於我的事？」

「例如他問我，現在已經有指紋這個鐵證了，御子柴律師打算如何在法庭上進行辯護？他問我這個問題，我怎麼會知道答案？所以我還是保持緘默。」

洋子將臉湊向壓克力板，吞吞吐吐地問道：

「其實我也有點好奇，您會如何推翻假證據？」

「別說得好像妳置身事外一樣。」

「我明白這是我自己的事，但因為我知道自己沒有殺人，所以有一點置身事外的感覺。而且我相信您一定有辦法扭轉頹勢。」
洋子在僵硬的臉上勉強擠出了笑容。
「妳太抬舉我了。」
「這不是抬舉。就我所知，您的勝訴率高達百分之九十九．九。」
「妳沒想過妳可能就是那〇．一？」
「我是個樂觀的人。」
「我建議妳要稍微悲觀一點，想辦法找出對策。凶器上的指紋，是很難推翻的證據。」
「但是我真的沒看過也沒摸過那把刀子。」
看來這個問題已經鑽進了死胡同，就算再怎麼討論，也沒辦法從洋子的口中問出什麼有用的線索。
「我曾經試著聯絡南雲涼香很多次，但完全沒有任何回應。除了妳們相遇的咖啡廳及電子信箱之外，妳還知道些什麼？」
「我連她做的是什麼樣的工作都不知道。當然我認得她的長相，但沒有她的照片。」
御子柴在心裡咂了個嘴。根據透過山崎取得的警方搜查資料，目前警方已扣押知原的手機，並且破解出了通話紀錄。但現階段還沒有進行影像的分析，資料裡也找不到南雲涼香這個名字。
「有沒有辦法畫出肖像畫？」
「……我從小就很不會畫圖。」
「好吧，不會畫也沒關係。就憑妳的印象，把她的長相描述出來。以電視上的女明星來比喻，她長得像誰？」

洋子抬起視線，露出苦苦思索的表情。

「她的年紀跟我差不多，但是身材較高，骨架也比較大。腮幫子很寬，眼睛跟嘴巴都很大，雖然臉上化著濃妝，但長得很漂亮……啊，我第一眼見到她的時候，覺得她長得有點像女明星明仁川光。」

明仁川光這個名字，御子柴也曾聽過。她是曾經演過大河劇※的資深女演員。既然南雲涼香長得像明仁川光，要認出來應該不難。

「南雲涼香將知原介紹給妳認識後，妳們還是經常約在原本的地方見面嗎？」

「稱不上經常。我去咖啡廳的時候，偶爾會遇上她。」

「根據我訪查的結果，知原想要取得我這間缺德法律事務所的內部消息，所以透過南雲涼香居中牽線，認識了妳。要理解整個案情的全貌，一定要把南雲涼香找出來才行。」

「真是非常抱歉，我完全沒有辦法幫上忙……我很喜歡偶爾在咖啡廳裡巧遇的關係，而且現在的人都認為只要交換電子信箱，就算是朋友了。」

御子柴能夠理解洋子的心情。過去與御子柴有過接觸的年輕委託人，都有一個共同的特徵，那就是把手機裡的個人資料當成自己的全部。不僅與現實生活中的個人資料混淆不清，而且差異越來越模糊。

「凶器上頭有妳的指紋，代表凶手不僅認識妳，而且故意想要陷害妳。妳可知道有誰對妳心懷怨

※大河劇：由日本的ＮＨＫ電視臺所拍攝的大卡司連續劇，主角通常是歷史人物。

恨？」

洋子想了一下，緩緩搖頭說道：

「我不知道。我不記得自己曾經欺負或陷害過他人，可是或許有人對我懷恨在心，只是我沒有察覺。」

「谷崎法律事務所的大北，也說妳是一個很善良的人。但妳說得沒錯，善良不見得就不會引來仇恨。善良的人有時反而更容易遭人怨恨。」

「為什麼善良的人會遭人怨恨？」

「因為並不是所有的人都有一顆善良的心。大部分的人都羨慕光明，一旦發現自己沒有辦法進入光明的世界，就會產生絕望，並且暗自期待善良的人有一天也會墮落。」

「……人是這麼單純的動物？」

「妳應該也見識過很多像這樣的委託人。」

御子柴的委託人之中，有不少人帶有反社會的傾向。當洋子在聽這些男人或女人說話時，雖然大多數的時候面無表情，但內心應該頗不以為然吧……御子柴想到這裡，忽然對這個結論產生了疑問。

真的是如此嗎？

自己明明對洋子一無所知，為什麼會產生好像對她很瞭解的錯覺？真是太自以為是了。

「老闆，真的很抱歉……」

「為什麼道歉？」

「大量求償的案子因為我的關係而被迫中斷。好不容易列出了清單，正要進入下一個步驟，沒想到竟然發生這種事。」

「不用放在心上。」

「但您必須為我辯護，等於是蠟燭兩頭燒。」

「現在是以妳的案子為優先，不是蠟燭兩頭燒。」

「但是您要洗刷我的嫌疑，恐怕也需要不少的時間。」

「谷崎找了個職務代理人給我。」

「職務代理人？」

洋子的臉色登時沉了下來。

「既然是谷崎律師介紹的……一定是相當優秀的事務員吧？」

「是『HOURAI 法律事務所』的寶來律師。」

「咦？」

洋子驚訝得合不攏嘴。

「寶來律師親自來幫忙？」

「他也曾經遭人提出懲戒請求，所以過來瞭解情況，順便學個經驗。妳不必為此感到煩惱，他的事務所本來就是專門處理貸款交涉、和解及索討過度繳息金，求償的部分他算是專家。」

「或許吧……但我還是覺得心情很複雜。」

「妳認為寶來律師的能力不足？」

「當然不是，我只是感覺好像工作被人搶走了，沒有辦法冷靜看待這件事。」

「放心，我很快就會把妳救出來，沒時間讓妳在裡面放長假。」

「這算是放長假嗎？」

「規律的生活，適度的運動，詳細計算過熱量的三餐，以及用不完的時間。這搞不好比大部分的減肥計畫更加有效。」

「太過分了。」

「對了，不用聯絡妳的家人嗎？」

洋子聽到這句話，臉色登時大變。她垂下了頭，表情緊張得像個被人發現說謊的孩子。

「我沒有家人。」

她的尾音有些沙啞。

「我家是單親家庭，我母親跟我相依為命，但母親在我從短期大學畢業後不久就過世了。」

「連遠房親戚也沒有？」

「或許有也不一定，但我母親從來不提，所以我也不清楚。畢竟完全沒有往來，就算得知我遭到逮捕的消息，那些遠房親戚也不會在意吧。」

「妳說妳是單親家庭，那妳的父親呢？」

「我父親的事情，和這次的案子有關嗎？」

「有沒有關係，是由我來判斷。」
「就跟那些親戚一樣，我母親從來不提父親的事。我正想要找機會問她，沒想到她就過世了。」
洋子第一次表現出些許反抗的態度。似乎提及這件事令她產生的反感，更甚於她所蒙受的不白之冤。
御子柴很清楚家人有多麼令人厭煩，因此完全能夠理解洋子的心情。但從洋子的口氣聽來，她似乎有些討厭父親，這點讓御子柴感到頗為納悶。
「既然沒有人要聯絡，正好省下了我的時間。」
現階段能夠從洋子口中問出的線索，大概就只有這些而已。有些事情她刻意隱瞞不說，那也無所謂，反正只要想辦法查出來就行了。御子柴做出了這樣的判斷，於是慢條斯理地站了起來。
「等到移送之後，問妳話的人會變成檢察官，但問的內容基本上大同小異。妳只要一開始全盤否認，接著保持緘默就行了。」
「真的只要緘默就行了？」
「妳在我的事務所工作多少年了？不曉得沉默勝於雄辯的道理嗎？只要一直保持沉默，對方就只能自行想像，最後鑽進迷宮之中走不出來。」
「您倒是從來不曾迷失方向。」
長年和自己相處的洋子，原來以為自己是個不曾迷失方向的人。
御子柴轉身離開，內心帶著苦笑。

下一個目的地，是位於霞關的法院共同廳舍。洋子聲稱在那附近的咖啡廳結識了南雲涼香。既然沒有辦法查出南雲涼香的下落，只能到這裡來找了。

咖啡廳的店名是「Salon de Mist」，這也是從洋子口中問出來的。御子柴馬上就找到了這家店，因為共同廳舍附近的咖啡廳就只有這一家。

時間為下午兩點三十分。御子柴走進店內一看，在店內吃午餐的上班族應該都回職場去了，約有三成的桌子沒有人坐。或許是因為這附近的店面租金很貴的關係，店內裝潢得高雅脫俗，一看就是任職於霞關的公務人員會喜歡的氛圍。

吧檯裡站著一個六十多歲的男人，看起來相當老實，應該就是店長吧。御子柴向他說明了來意。

「我這家店有很多熟客是律師，但你好像是第一次來？」

滿頭白髮的店長自稱姓柳瀨。

「南雲涼香？唔……在這附近上班的客人如果要開收據，通常會寫政府單位的名稱。熟客裡頭，我只知道少數幾位的姓名。」

御子柴於是說出了當初洋子描述的特徵。店長似乎想起了什麼，點頭說道：

「噢，我記得這位客人。她以前大多是在上班日的下午來到店裡。」

店長口中所說的「以前」兩字，讓御子柴有些不安。

「這個月到目前為止，她一次都沒有來過。」

知原的屍體被人發現，是在這個月的二日。換句話說，自從凶案曝光之後，涼香就再也沒有來到這家店了。

當然這也有可能只是時間上的巧合。但是一個人的習慣會改變，通常有一些理由。

「你有她的聯絡方式嗎？」

「唔……她從來不曾叫過我們店裡的外送，也不曾要求開收據。」

「她都是一個人來嗎？」

「不，通常身邊會帶著另一個人，而且每次帶來的人都不同。」

這意味著涼香經常與不特定的對象見面。野際說涼香負責幫知原仲介對象，這一點可說是獲得了印證。涼香不讓咖啡廳店長知道自己的姓名，或許正是因為她的仲介行為不是什麼正派的工作。

御子柴接著取出了知原的照片。

「她曾經和這個男人一起進店嗎？」

「嗯，她最常與這位男客人一起來。」

「從他們的交談看起來，這兩人是什麼關係？」

畢竟是服務業，店長不太可能刻意盯著這兩人看。但反過來說，服務業做久了，或許一眼就能看出這兩人的關係。

「看起來不太像是親密閒聊，比較像是討論工作上的事情。」

「這意思是說，他們看起來像是工作上的往來，並沒有私人感情？」

「如果是一般的情侶，會有一般情侶的樣子。」

店長能夠提供的證詞，就只有這種程度而已。雖然證實了涼香與知原是以 Salon de Mist 這家店作為尋找對象的據點，但除此之外沒有任何收穫。

「如果南雲涼香又來到店裡，麻煩你立刻聯絡我。」

御子柴遞出名片。店長露出一臉困擾的表情說道：

「這等於是幫助你監視客人的行蹤，我不能這麼做。」

「店長，我身為一名律師，經常往來這附近。我知道你這家店已經在這裡開業很久了。」

「我這家店已經有十五年的歷史。」

「這一帶的店面租金相當昂貴，你這家店能夠在這裡經營十五年，仰賴的應該是安定的翻桌率、開業的知識、多年來的經驗，以及你個人的親切性格。」

「謝謝你的稱讚。」

「除了經驗及親切的性格之外，當然你還需要高尚的職業道德，這個我完全能夠理解。但是你知道嗎？現在有一位女性正在蒙受不白之冤。雖然我很尊敬你的職業道德，但你認為職業道德會比拯救一位無辜女性更加重要嗎？」

店長支支吾吾，一時說不出話來。御子柴心裡暗想，這樣就夠了。這個店長看起來是個相當老實的人，他雖然沒有馬上答應，但一定會把這件事情記在腦海裡。而且只要他沒有忘記，當他看見南雲涼香時，十之八九會打電話通知。

「那就麻煩你了。」

御子柴再次強調之後，走出了咖啡廳。

不管是洋子，還是這個咖啡廳店長都一樣。凡是善良的人，必然有著共同的弱點。那就是即便事不關己，他們總是無法對需要幫助的弱者見死不救。對他們來說，那是一種美德。相較之下，御子柴則是把委託人的利益擺在第一位。對御子柴來說，想要幫助他人的心情就像是一種雜念。越是會輕易想要幫助他人的人，越是會輕易攻擊他人。

御子柴回想剛剛與洋子的談話過程。洋子在說明刑警的偵訊內容時，態度與過去毫無不同。然而一提到家人的事，洋子的態度就產生了變化。而且這變化非常露骨，讓御子柴不得不心生疑竇。畢竟此時的洋子是自己的委託人。

洋子聲稱她從小生活在單親家庭，母親從來沒有提過父親的事，但這畢竟只是她的片面之詞。委託人說謊是家常便飯，就算是洋子也不例外。

既然會產生排斥反應，代表這是她不願意談及之事。真相往往就隱藏在這種不可侵犯的領域之中。看來有必要深入追查洋子的家庭狀況，雖然這必定會引來洋子的反感，但那也是沒有辦法的事。

除此之外，還有兩個追查的方向。第一是那些遭到知原戲弄，對知原恨之入骨的女人，第二則是那個居中仲介的女人。只要深入追查她們的現狀與過去經歷，必定能夠有所斬獲。

御子柴前往了中央區公所的區民生活課，申請了洋子的戶籍謄本。能夠代替當事人申請戶籍謄本，是刑事辯護人的少數特權之一。櫃檯人員告訴御子柴，會在一、兩天之內將洋子的戶籍謄本郵寄到事務所。

當御子柴回到位於綜合商辦大樓內的事務所時，已過了下午六點。拿出手機一看監視器畫面，寶來還在忙著處理所內事務。

這種認真工作的態度，讓御子柴對寶來有些刮目相看。專門處理民事問題的律師，最重要的是事務處理能力，而不是像御子柴所擁有的那種譁眾取寵的辯論技巧。事實上在講求書狀主義的日本，就算是刑事訴訟，情況其實也大同小異。不管是陳述內容，還是將要提出的證據，都要事先互相知會。法庭就是一個徹頭徹尾講理論的地方，幾乎沒有情感因素介入的餘地。像御子柴這樣經常利用法官、裁判員，甚至是檢察官的心證進行逆向操作，讓審判過程變得對自己有利的律師，可說是異類中的異類。

從這個觀點來看，寶來兼人可說是個相當有才能的事務型律師。御子柴可以理解洋子為什麼會擔心她的工作被搶走。說得現實一點，如果排除了法律知識及交涉能力，律師跟事務員其實沒有太大的差別。

尤其是在求償相關事務上，完全交給寶來負責應該是沒有問題才對。自己只要專心處理洋子的案子就好了。

月租式停車場位在大樓的後方。停車場的周圍架設著鐵網，雜草及藤蔓幾乎將鐵網的縫隙完全掩蓋，因此從外側很難看見停車場內的狀況。

御子柴停好了自己的賓士車，下車走向大樓。

就在這個時候，背後似乎有什麼東西閃過。

幾乎就在同一瞬間，右側肩膀感受到一股沉重的衝擊力道。

同時一陣刺鼻的臭氣鑽入鼻孔。

御子柴不由得屈膝跪倒，但沒有整個人趴在地上，而是本能性地轉頭望向身後。

背後站著一個人。

這個人多半原本躲在其他車子的陰暗處，趁御子柴歸來時發動偷襲。他的身上穿著寬鬆的休閒衫及休閒褲，頭上戴著帽子及口罩，只露出了一對眼睛。就連手上也戴著手套，因此看不出性別與年齡，甚至就連體格也難以分辨。唯一可以肯定的一點，是他正以握在右手的雙頭鐵鎚攻擊自己。

剛剛那一擊打在肩膀的骨頭上，讓御子柴整條臂膀又痠又麻，彷彿已不再是身體的一部分。

「你是誰？」

對方沒有回應，只是舉起了鐵鎚，準備發動第二次攻擊。

「你知道我是誰嗎？」

對方還是沒有回應，卻往前踏上半步，拉近了距離。

兩人之間的距離不到一公尺，對方的身體微微向前傾，瞪視著御子柴。

對方舉起鐵鎚，打橫揮出了第二擊。

御子柴急忙仰身閃躲，但鐵鎚快了半拍，打在御子柴的左手臂上。

整隻左手霎時又痛又麻，彷彿有一道電流自手肘往上竄升。

御子柴暗叫不妙。

現在兩條手臂都動彈不得了。

對方又揮出第三擊。

這次御子柴勉強躲開了，但因為平常運動不足加上雙臂疼痛，身體的動作變得相當遲鈍。鐵鎚的前端破空而來，砸在柏油路面上。沉重的聲響，象徵著敵人的殘暴。

顯然對方的目的並非傷人，而是奪命。

動物的本能，在御子柴的腦海裡不斷發出警告。但是雙手無法使用，任何反擊的方式都無法發揮十足的效果。一旦身體受到攻擊，就有可能致命。

不知道為什麼，就在御子柴察覺自己正面臨生死關頭的瞬間，腦袋反而變得異常冷靜。幾乎沒有隨時可能會遭到殺害的恐懼，心裡只想著如何在遭到殺害前讓對方也吃點苦頭，最好是雙方同歸於盡。

是因為自己膽識過人嗎？還是當年分屍女童的「屍體郵差」在體內甦醒了？全身因為野獸本能而變得灼熱，腦中卻是個冰冷的世界。離開醫療少年院至今已過了二十年以上，棲息在心中的野獸卻從來不曾消失。

「既然你知道我是誰，應該也知道我從前曾經殺過人。」

對方戴著口罩，看不見表情，但動作明顯停了下來。

「殺人對我來說不是件陌生的事，你呢？」

連御子柴也不禁佩服自己能夠將這句話說得毫無抑揚頓挫。事實上御子柴說這兩句話，並沒有威脅或警告的意圖，對方卻似乎受到震懾，停下了腳步。

「御子柴！」

御子柴與偷襲者同時轉頭望向聲音傳來的方向。只見寶來正從大樓的後門往兩人所站的位置奔來。偷襲者迅速採取了行動。他將手中的鐵鎚朝寶來拋去，敏捷地轉身逃走。

「哇啊！」

寶來本想追趕上去，腹部卻遭鐵鎚擊中，窩囊地摔倒在地上。御子柴兩手動彈不得，只能眼睜睜看著偷襲者逃出停車場。

或許是緊張感消失了的關係，御子柴感覺全身的氣力瞬間流失，疲憊地坐倒在地上。

「剛剛那是怎麼回事？」

寶來勉強起身，走向御子柴。

「沒什麼，只是遭到攻擊而已……你看不出來嗎？」

「只是遭到攻擊……？我們得趕快報警才行！凶器還留在這裡，現在報警一定抓得到。」

「大概很難吧。那身穿著只要拿掉口罩，看起來就是一般的路人。而且就算最近的派出所立刻派員警過來，也不可能來得及逮人。雖然有鐵鎚這個證物，但行凶的傢伙戴著手套。而且那把雙頭鐵鎚看起來應該是家庭用品量販店所販賣的大量生產商品，就算追溯販賣通路，也沒辦法找出購買者。」

寶來一臉錯愕地看著御子柴說道：

「你才剛遭到攻擊，為什麼能這麼冷靜？」

「因為這不是第一次。既然你有時間觀察我，麻煩幫我叫救護車，我的雙手動不了了。」

「啊，好……」

寶來慌忙拿出手機，撥了一一九。說明遇襲地點及御子柴的傷勢後，寶來掛斷通話，低頭看著御子柴問道：

「你經常遇上這種事？」

「我幫訴訟當事人的一方辯護，當然會引來另一方的憎恨。」

「話是這麼說沒錯，但也不至於遭到攻擊吧？」

「你沒有遭到攻擊，只是因為對方認為你的辯護能力還不到需要攻擊的程度。」

寶來的臉色變得有些難看，但他並沒有忘記關心傷者。

「會痛嗎？」

「比較難受的是麻而不是痛。幸好骨頭沒有折斷……你呢？你沒事嗎？」

「肚子上挨了那一記，讓我好一會沒辦法呼吸。等等救護車來了，我也接受一下檢查好了。你想得到有誰可能會攻擊你嗎？」

「多到數不清。」

救護車的鳴笛聲自遠方逐漸靠近。

# 第三章

# 伴走者的流轉

1

御子柴雖然被送進了急診室，但傷勢並不嚴重，僅右肩脫臼及左臂瘀青，當天即可出院。

然而負責該區治安的龜有警署員警並不像急診室醫師那麼好商量，他們將御子柴強留在署內，要求御子柴說明這起傷害事件的來龍去脈。

「雖然你只是輕傷，但案情還是得查清楚，總不能當作沒有發生過。」

負責這起案子的刑警姓室田，在問話的過程中，他一直表現出高壓的態度。

「我說過很多次了，我想不出那歹徒到底是誰，他用帽子及口罩遮住了臉，身上穿著寬鬆的休閒服來掩飾體格。除了身高和我差不多之外，沒有任何線索。」

「但我說句老實話，你可別生氣。那歹徒並沒有使用手槍或刀子，你的傷勢看起來也很輕微。在遭到攻擊的當下，你應該還能保持冷靜吧？」

「當時你不在現場，還能做出這樣的推論？」

「這是我在急診室問來的。他們說你被送進急診室的時候，看起來相當冷靜。」

室田看著御子柴右肩上的繃帶，露出了些許幸災樂禍的表情。

「因為這不是我第一次遭到攻擊。」

「我知道，聽說上一次你住院了很長一段日子。」

室田的臉上帶著譏笑。御子柴心想，他大概是想要藉由激怒自己來套話吧。雖然如此，自己也有因應對策。

「沒錯，當時麴町署及警視廳的初步調查實在做得太隨便，沒有把歹徒揪出來，害我每天都提心吊膽地躺在病床上。」

室田一聽到這句話，臉色果然沉了下來。

「你剛剛說沒有任何線索，但我猜你應該只是故意瞞著不說吧？」

「我為什麼不把線索告訴你們，讓你們把那傢伙抓起來？在這個案子裡，我可是受害者。」

「就算我們逮捕了歹徒，頂多也只成立傷害罪而已。如果是初犯，甚至還有可能判緩刑，你一定沒有辦法接受這樣的結果吧？」

「你的意思是說，我打算自行報復？」

「受害者變成加害者的情況並不罕見。御子柴律師，你應該很清楚這一點。」

從這句話聽來，室田想必知道御子柴從前殺害過女童。御子柴很清楚他在挑釁，但此時沒空跟他糾纏。

「如果我這麼做，最倒楣的人應該就是你了吧。」

「為什麼？」

「大家會怪你當初沒有在第一時間逮捕攻擊我的歹徒。如果你把他抓起來，他就不會死在我的手裡。

因為你的無能，害死了一條人命。那時候，不管是在警界內，還是在社會上，你都會名譽掃地。」
室田吃了一驚。
「我想你應該不希望讓事態演變成這樣吧？既然如此，我建議你好好收集現場附近的目擊證詞，並且徹底調查凶器的來源。」
「這不用你說，我當然會這麼做。」
「那很好。當警察要是當到被受害者當笨蛋耍，那可就太悲哀了。」
室田氣到兩邊太陽穴微微抽搐。看來他是個不擅長控制情緒的人。御子柴不禁有些為他擔心。這麼容易被人牽著鼻子走，要怎麼對付那些老奸巨猾的嫌疑犯？
「對了，聽說你家的事務員因為殺人嫌疑而遭到逮捕？」
室田或許是為了扳回一城，故意提到了洋子的嫌疑。但這當然也在御子柴的預料之內。
「這與你遭到攻擊有關嗎？」室田問道。
「這是警察要查清楚的事情，你怎麼反而問起我來了？」
「當事人的想法也是重要的參考依據。」
「我與那案子的受害者毫無瓜葛。因為工作的關係，我不否認有可能遭到怨恨，但我想應該只是一場偶然。」
「同一家事務所的律師和事務員先後被捲入刑案之中，這應該不會只是一場偶然吧？」
「如果不是偶然，除了兩人的事務所相同之外，兩起案子必須要有一些共通點。」

室田聽到這樣的反駁，一時張口結舌，不知如何回應。由此亦可看出在這個階段，警方並沒有掌握任何御子柴所不知道的線索。

「還沒有抓到歹徒，你們就已經被耍得團團轉，看來這案子前途堪慮。」

最後這一句話，想必讓室田氣得火冒三丈。御子柴獲得釋放的時候，時間已過了晚上十一點。

隔天，寶來抵達事務所的時間比御子柴更早。御子柴早透過監視器畫面看見了，但還是裝出驚訝的表情。

「寶來律師，你來得真早。」

「工作這麼多，可沒辦法摸魚。」

寶來看著堆積在面前的大量信封，輕嘆了一口氣。

「她一個人要處理這麼多的事務，真是太可怕。在我的事務所，這可是兩人份的工作量。」

「我這裡跟你的事務所不同，沒辦法雇用那麼多人手。」

「但我聽說你現在的收入，早就可以把事務所搬回虎之門了。」

「如果我有那麼多錢，比起搬遷事務所，我會選擇多雇用人手。」

寶來似乎對御子柴的收入相當感興趣。畢竟御子柴擔任許多反社會幫派勢力及負面消息不斷的問題企業的顧問律師，每個人都會想知道這樣到底可以賺多少錢。但寶來的事務所位在南青山的最高級地段，一度擁有一百四十名事務員，御子柴有些驚訝連他也好奇於自己的收入。或許真正貪婪的人是永遠不會感到滿足的吧。

就像自己一樣。

「昨天可真是倒楣的一天。我自己是沒什麼大礙，馬上就能回家了，你可就沒有我這麼幸運。」

寶來看著固定在御子柴右肩的繃帶，臉上露出樂不可支的表情。那眼神與室田太像，令御子柴忍不住苦笑。

「你這樣還能開車？」

「當然不能，我是坐計程車來的。」

「照我現在的身分，以後我是不是還得幫你開車？」

「好意我心領了，我不敢雇一個全世界時薪最高的司機。」

「聽說你接受治療之後，就被帶往龜有警署了？」

「你知道？」

「是啊，我後來也被找去問話，畢竟我也是受害者之一。」

御子柴心想，警方就算找寶來去問話，大概也不可能問出自己不知道的線索，頂多只能描述歹徒的身高及服裝而已。

「我想還是別指望警察了，畢竟我也是警察黑名單裡的人物，今天我遭到襲擊，警察不可能認真幫我找歹徒。對那些警察來說，這大概就像是黑道流氓私下械鬥吧。」

「但受害者還有我，可不是只有你而已。」

「我們必須認清一個事實，那就是警察不只討厭我，事實上他們對所有的律師都沒有好感。寶來律師，我想你應該明白我的意思。」

「……這是昨天收到的信。」

寶來冷冷地遞出一疊信封。

「跟懲戒請求有關的信，我都先拿起來了。」

御子柴接過一看，每一封信都已開封。

「你事先審查過了？」

「別說得好像我侵犯你的隱私一樣。我只拆了以事務所為收信人的信。」

御子柴細看那少數幾封未拆封的信，裡頭有一封的寄件人是中央區公所，應該是洋子的戶籍謄本吧。

回到自己的座位後，御子柴立刻拆開了那封信。沒想到裡頭放的不是戶籍謄本，而是自己當初提出的申請書。

〈查無戶籍〉

以橡皮印章所蓋的這寥寥數字，彷彿在挑釁著御子柴。

御子柴立刻打電話給了中央區公所的區民生活課。申請書上蓋著經手人的印章，因此御子柴知道這份申請書是由誰經手處理。

「我是申請日下部洋子戶籍謄本的御子柴。」

等了一會，經手人接起電話。

「請問查無戶籍是怎麼回事？」

〈就是查不到戶籍。〉

經手人說得若無其事，不帶絲毫歉意。

難道洋子打從一開始就沒有戶籍？

「就算沒有戶籍，但一定會有居民票吧？只要回溯居民票，不是可以查出從前的住址嗎？」

〈可以是可以，但要另外提出申請。〉

於是御子柴重新提出申請，掛斷了電話。

並非所有的日本人都有戶籍。據說全國約有七百人沒有戶籍，每個人的理由不盡相同。御子柴當然具備這樣的知識，但沒有想到洋子也是其中之一。

戶籍是日本人唯一的正式身分證明。因此不管任何正式的證明文件，都是以戶籍資料作為基礎。從就學、就職、考駕照到申請護照，可說是無一例外。

然而就像前文所述，有極少數的日本國民沒有戶籍。為了讓這些人也能夠像其他國民一樣接受行政服務，政府訂定了各種的制度。

其中之一，就是沒有戶籍也能取得居民票的制度。只要向區公所提交出生證明及法院核發的事件係屬證明書，就可以進行居民登錄。進行了居民登錄之後，就可以取得居民票。

沒有戶籍的理由有很多種，最常見的一個理由與結婚有關，通稱為「離婚後三百日問題」。

依照民法的規定，離婚三百天以內出生的孩子，不管親生父親是誰，都會被推定為前夫的孩子（即便有DNA證明也不能加以推翻）。有些母親為了避免孩子被推定為前夫的孩子，故意不辦理出生登記，如此一來便產生了沒有戶籍的孩子。

當然推定並非斷定，雙方還是可以藉由調停的方式，確認親子關係不存在，也就是認定孩子並非前夫的孩子。但是調停的前提是雙方都必須出席。如果前夫拒絕出席，調停就沒有辦法成立。有些前妻可能會因為經濟上的問題，或者是遭受家暴，而沒有辦法靠法律程序順利解決這個問題。

御子柴不禁暗思，洋子沒有戶籍的理由是什麼？當初前往留置室會見洋子時，她顯露出一副不願意提及家人的態度，顯然是因為父母離婚的關係。

御子柴知道自己追查洋子的過去，必定會引來洋子的反感。但自己身為律師，既然受到委託，就必須以委託人的利益為最大考量。

「我出門去了。」

御子柴告訴寶來，寶來滿不在乎地應了一聲。

御子柴首先前往位於霞關的「都會證券公司」。由於事先已提出會面要求，因此沒有等候太長的時間。

會面的對象，是任職於該證券公司企業資訊部的高澤潤子。當初野際所提供的鬧事者名單中，高澤潤子的名字就被排在第一個。根據名單上備註的發生事由，高澤潤子不僅打過抗議電話，而且曾在沒有預約的情況下前後三次闖入「阿卡迪亞經營管理公司」，要求會見知原或野際。這三次她都被警衛擋了下來，但她並沒有就此放棄，還在一樓櫃檯處大吵大鬧。

高澤潤子走進會客室時，顯得有些畏畏縮縮。那一臉驚恐的模樣，看起來實在不像是個有勇氣闖入交往對象上班地點的女人。

但御子柴心裡很清楚，越是膽小、自認為是受害者的人，被逼急了的時候越容易情緒失控，做出脫序的行徑。

「我是高澤潤子。」

御子柴告知自己在知原遭殺害的命案裡為嫌犯擔任辯護人，潤子一聽，這才露出鬆一口氣的表情。

「那個日下部把知原殺了？」

「不，她本人否認犯案。」

「噢……」

潤子的神情帶了三分遺憾。

「只要有人肯把知原殺了，要我寫幾份請願書我都願意。」

「聽說妳曾經好幾次到阿卡迪亞公司抗議？」

「知原把我的電話號碼列入拒接清單，我打電話到他的公司，他們也不肯幫我轉接，我只好直接到他們公司找人。」

「你們在交往的時候，妳應該去過他的住處吧？」

「他一定是故意在躲著我。從前正常交往的時候，我要進入他的房間完全沒有問題，但自從發生那件事之後，他就經常不在家，或是明明在家卻假裝不在……我只能到他的公司去找人。」

說得好像到對方的公司鬧事是不可抗力的事情。

「妳說的那件事，指的是什麼事？」

「你知道我所隸屬的企業資訊部，是什麼樣的部門嗎？」

「我不清楚，能請妳說明一下嗎？」

「顧名思義，就是蒐集及分析企業資訊的部門。除了委託我們負責蒐集資訊的客戶企業之外，也包含了其他林林總總的企業。而且我們蒐集的並非只是企業對外公開的資訊，也包含了一些內部機密資訊。」

「你們會把蒐集來的機密提供給客戶企業？」

「沒錯，就是這麼回事。提供有利的資訊給客戶企業，是敝公司的重要目標。」

「企業資訊也是一種財富，既然是財富，就容易引發糾紛。」

「你說得沒錯，這就是我遭到陷害的理由。」

潤子發出自嘲的笑聲。

「我做了一件很蠢的事。我的職位原本是課長，因為這件事的關係，我遭到了降職。如今回想起來，實在很後悔上了那個男人的當。」

御子柴看著潤子，心裡明白自己現在什麼都不用做，只要偶爾出聲附和就行了。這個女人抱有極強的受害者意識，就算自己什麼問題也沒問，她也會把所有的事情和盤托出。

「剛開始的時候，我以為知原喜歡我。他對我很溫柔，經常帶著我吃一些美味的料理，簡直把我像公主一樣捧在掌心。但後來我才知道，知原真正感興趣的是我這個部門所擁有的企業機密。自從我們變成了會在房間裡相處的關係之後，他就用各種巧妙的話術，從我的口中套出企業機密。例如某企業的內部有著什麼樣的問題，或是某企業的股價可能會暴跌什麼的。」

「妳說妳上了那個男人的當？」

「我以為我們已經是不應該有祕密的關係。反正結了婚之後，我在家裡也會發一些工作上的牢騷，所以沒什麼好隱瞞的……我當時抱著這樣的想法。」

「但如果只是洩漏機密資訊，不見得會被發現吧？」

「某一家上市的建設公司私下賄賂某市市長，新聞媒體嗅到了風聲，該建設公司的公關部門及宣傳部門正想盡辦法要把消息掩蓋……愚蠢的我竟然把這件事告訴了知原……接下來發生什麼事，你應該也猜得到。數天之後，知原聯絡了那家公司的公關部門。」

結果可想而知，建設公司的公關部門發現機密洩漏，必定會把矛頭指向「都會證券公司」。

「上頭於是開始追查是誰洩漏了機密。短短幾天的時間，我就被揪了出來。經過監察部的約談，我被要求暫時不要到公司上班。幸好我過去業績不錯，對公司也有一些貢獻，所以沒有遭到解雇，只是被降職為一般職員。」

「所以妳就到『阿卡迪亞經營管理公司』興師問罪？」

「知原靠著我提供的機密資訊，成功取得了建設公司的顧問契約。我遭到降職，知原卻拿到業績，你認為我能原諒這種事情嗎？」

潤子說完來龍去脈後，似乎稍微恢復冷靜，整個人癱坐在沙發上。

「我想請問一下，妳跟知原是怎麼認識的？妳知道『Salon de Mist』這家咖啡廳嗎？」

「我當然知道，我就是進了那家店之後，整個人開始走霉運，想忘也忘不了。」

「那妳應該記得南雲涼香這個女人？」

「當然，雖然這整件事情並不是涼香的錯，但是當初剛遭到公司內部懲處的時候，我恨死她了。如果不是她居中介紹，我也不會認識知原那個混蛋。」

「妳有沒有她的聯絡方式，或是她的照片？」

「聯絡方式就只有電子信箱而已。因為我跟她的交情不深，只不過是會在那家咖啡廳裡聊聊天。至於照片嘛……」

潤子思索了半晌，最後還是放棄了，搖著頭說道：

「仔細想想，我從來沒有和她一起拍過照片。曾經有一次，我問她要不要一起拍合照，但她拒絕了，說她不喜歡拍照。」

涼香依然藏在暗處，完全沒有露出馬腳。她的職責是尋找獵物，卻可以完全不洩漏自己的身分。為了保險起見，御子柴詢問了記錄在潤子手機內的涼香電子信箱，果不其然，正與洋子所知道的電子信箱完全相同。

「或許我這麼說，會被認為是個冷血無情的女人……」

潤子頓了一下，接著說道：

「但我聽到知原被殺的消息，真的是吐出心中的一口怨氣。自從遭到降職之後，我每天都活在煎熬之中，直到得知他的死訊，我的心情才平復了一些。或許對『阿卡迪亞公司』來說，他是個優秀的職員，但以男人而言，他是個人渣。不管凶手到底是誰，我好想給他一個擁抱和親吻。」

第二個拜訪的職場，是「秋葉銀行」的飯田橋分行。清單上頭的第二人福永友惠，任職於這裡的風險管理部。

御子柴事先也已聯絡過友惠。剛開始的時候，友惠相當詫異，不曉得為什麼會有律師找上自己。但御子柴一說出「知原」二字，友惠立刻滿口同意與御子柴見面。

不過當兩人在會客室裡相見時，友惠表現出來的態度卻與潤子截然不同。

「你在幫嫌犯辯護？很抱歉，我可能幫不上什麼忙。」

毫無光澤的皮膚及頭髮，讓友惠看起來比實際年齡更加蒼老。這是相當吃虧的一件事，不曉得她的身邊是否有人曾給她忠告？

「我不知道任何對凶手有利的事。」

「我想要追查的是案情的真相，不是讓法官從寬量刑的理由。」

「你的意思是說，就算是對凶手不利的線索也沒關係？」

「我的委託人目前還只是嫌疑犯，她本人並不承認自己殺了人。妳所提供的線索，或許能夠讓我們有新的發現。」

「不管我說的是什麼樣的線索，都對破案有幫助？既然是這樣，那我就說了。」

友惠終於卸下了心防，一屁股坐在沙發上。她的言行舉止頗為粗魯，簡直像個男人。知原竟然會選擇這樣的對象作為目標，實在頗令人意外。

「但我不知道該從哪一件事開始說起。」

「妳似乎對知原的印象並不差？」

「那當然，他讓我這種年過三十的老女人嚐到短暫的戀愛滋味，我感謝他都來不及了，怎麼會恨他？」

「但妳不是曾經到他上班的地點鬧事嗎？」

「我沒有鬧事，只是要求和他見面，請你不要亂說。」

「妳不是去向知原提出抗議？」

「那只是我單方面的追求……說穿了有點像恐怖情人，如今回想起來實在覺得自己的行為很丟臉。」

御子柴見了她那羞愧的表情，心中恍然大悟，說道：

「知原不僅沒有給妳添麻煩，反而幫助了妳？」

「沒錯，我們風險管理部多年來一直有著性騷擾的問題，多虧和知原的『阿卡迪亞經營管理公司』簽了顧問契約，才終於徹底改善。」

御子柴一問詳情，原來友惠當初剛進入風險管理部的時候，也經常遭受上級主管的性騷擾。

「不管是性騷擾，還是職權騷擾，都是最近這二十年才有的觀念。那些上司在當年剛入行的時候，根本沒有接受過這方面的教育及研修，所以他們無法理解什麼樣的行為算是性騷擾。你想想看，就連像我這樣的貨色，也會被他們摸屁股。搞不好他們還以為這是促進職場人際關係的一種義務呢。」

「義務？」

「三年前有一起事件曾經鬧得很大，上頭好說歹說，才勸一名女行員放棄提告……偏偏那些色老頭大多在工作上表現亮眼，本部也不敢真的懲處他們。」

「這就是俗話說的英雄難過美人關？」

「那些人哪是什麼英雄，不過是一群跟不上時代又克制不了衝動的老不死。每次鬧出事情，都是受害的女行員被迫離職，身為加害者的上司卻沒有受到任何處罰，說起來實在是很過分。也因為這個緣故，引發問題的原因一直存在於企業內部，沒有辦法獲得解決。直到我認識了知原，在『阿卡迪亞經營管理公司』的專業協助之下，這問題才得以改善。對方派出了專門對付性騷擾及職權騷擾的專家，把那些經常惹禍的上司聚集在一起狠狠修理了一頓，看了那一幕真的是大快人心。」

友惠露出了得意的微笑。

「但跟知原相處久了之後，我也漸漸喜歡上他，沒辦法和他維持單純工作上的關係。所以當我從新聞上得知他遭到殺害時，那種感覺不僅是死了單相思的對象，更像是死了重要的伴侶。」

「妳和知原是怎麼認識的？是不是一個叫南雲涼香的女性居中介紹？」

「沒錯，就是涼香。我去過好幾次霞關的咖啡廳，跟她變成了朋友。我真的很感謝她把知原介紹給我，她簡直是我的大恩人。」

「妳知道大恩人的聯絡方式嗎？如果能夠有照片的話，那就更好了。」

友惠一聽，尷尬地說道：

「自從她把知原介紹給我之後，我們就變得疏遠了……所以後來我把她的電子信箱也刪除，照片則是從來沒拍過。」

「看來妳是個不戀舊的人。」

「同事們都叫我『豁達女王』。自從我知道知原根本不喜歡我之後，我就把我們兩人拍的照片也全刪除了。」

連人際關係也可以這麼豁達？御子柴心裡如此想著，但沒有說出口。

第三處拜訪的職場，則是總公司位於南青山的「久喜電器」。任職於會計部的佐佐本輝幸，是清單上的第三個名字。清單上的名字幾乎全都是女性，唯有這個人是男性。

「我的年紀老大不小了，竟然做出到別人公司鬧事的輕率舉動，說起來丟臉……但我一點也不後悔。」

辦公室的會客區，其實只是位於角落的一小塊以隔板隔出的狹窄區域。佐佐本在這裡對著御子柴說道：

「我們公司主要製造的是傳統手機及智慧型手機的基板，大多銷往海外。不過在市佔率上，遠遠比不過歐美及中國的製造廠。」

佐佐本突然談起公司獲利，御子柴原本以為那是因為他隸屬於會計部門的關係，但是繼續聽下去，才發現理由並沒有那麼單純。

「說起來丟臉，在去年的會計結算時期，我們公司曾一度發生資金短缺危機。主要合作的銀行不願意增貸，高層主管只好到處找銀行求救。我們會計部就像是負責管理公司的錢包，所以那陣子我們每天都是處於神經緊繃的狀態。尤其是從一進公司就待在會計部的日比野，更是每天唉聲嘆氣。」

「日比野美鳥小姐……她是你的屬下，是嗎？」

「名義上是我的屬下，但在我們公司，部長只是輪流擔任的虛銜，日比野才是實質上的決策者。她本人也感受到很大的責任，當董事們為了籌措資金而焦頭爛額的時候，她也一直在摸索自己能為公司做什麼事。就在那個時期，她認識了知原。」

佐佐本的臉上閃過一抹陰霾。

「那個知原似乎是個花花公子，日比野早年喪偶，一手拉拔長大的兒子又剛好能夠獨立生活，所以她馬上就落入了知原的圈套之中。或許因為知原的職業是企業經營顧問，他們兩人私下相處的時候，日比野忍不住把我們公司的狀況告訴了他。知原那傢伙的動作非常快，隔天馬上就透過他們公司的運用經營部聯絡我們公司，說可以幫忙解決問題。你應該可以想像我們公司的高層主管有多麼緊張。」

「沒想到公司內部的危機竟然會被其他公司知道？」

「不知道該不該說是因禍得福，那間顧問公司介紹了與他們有合作關係的銀行給我們公司，幫助我們公司渡過了難關。但我們公司的高層主管還是大發雷霆，責怪日比野竟然把公司的危機隨便告訴外人。日比野因而遭到解雇，更慘的是知原馬上就把她給甩了。」

佐佐本越說越是憤恨不已。

「日比野竟然就在家裡上吊自殺了。喪禮冷冷清清，沒什麼人參加，日比野的兒子和她的妹妹抱在一起痛哭流涕，那一幕真的讓人鼻酸。但是知原那傢伙，竟然連日比野的喪禮也沒露臉。這件事實在是讓我氣得咬牙切齒，我為日比野感到不甘心，說什麼也沒有辦法原諒那個男人。」

「所以你就跑到『阿卡迪亞經營管理公司』抗議？」

「知原不肯出來見我，警衛還把我當成鬧事分子，到頭來我還是拿他沒輒。」

佐佐本嘆了口氣，顯得相當沮喪。

「過世的日比野小姐，和知原是怎麼認識的？你知道詳情嗎？」

「日比野曾經提過，好像是某個在咖啡廳裡認識的女性介紹的……但我不清楚那位女性的身分。」

「日比野小姐的遺物，例如傳統手機或智慧型手機，現在是由誰持有？」

「大概是她的兒子或妹妹吧，這我不清楚。抱歉，沒幫上什麼忙。」

後來御子柴又拜訪了名單上的三個人，但她們的狀況也與潤子、友惠及美鳥大同小異，幾乎沒有任何收穫。

以上六人的共通點，就在於涼香介紹知原給她們認識之後，她們與涼香的關係就疏遠了。有些人是突然疏遠，有些人則是關係自然消滅，但相同的是她們都不知道涼香的底細與個資背景。這六次的訪談雖然稱不上毫無斬獲，但沒有掌握關鍵線索，讓御子柴大感扼腕。

今天的調查行動還沒有結束。御子柴再度前往中央區公所，領取洋子的居民票。根據居民票上所記載的前居住地，前往該地區公所再度申請居民票。如果取得的居民票上頭記載的依然是移居後的地址，則再度前往前居住地申請居民票，重複這樣的動作。包含等候的時間在內，可說是非常沒有效率。但是向政府單位要求效率本來就是緣木求魚，基本上只是不切實際的奢求。

區公所在下午五點停止受理申請。御子柴在五點的前一刻，才終於領到了最後一張的居民票。

御子柴一看上頭的地址，整個人傻住了。

福岡市南區大橋相生町四丁目九－七。

那是御子柴此生絕對忘不了的地名。

相生町……那正是御子柴當年殺害的女童所居住的地區。

御子柴回到事務所時，不見寶來的蹤影，或許已經回家了。御子柴並不在意，反正自己剛好需要一個人思考的時間。

日下部洋子從出生時的居住地點，到現在的押上，總共搬家七次。因為升學或就業而搬家，當然可以理解，但除此之外，洋子還搬了好幾次家。理由有各種可能，例如對居住環境不滿意，或是房租過於昂貴等等。

搬家的次數不是問題，真正令御子柴感到驚訝的是洋子在上國小之前，竟然與佐原綠居住在相同的町內。

佐原綠遭御子柴殺害時的年紀為五歲。依照洋子的年紀往回推算，她們兩人應該相差一歲。既然居住在相同的町內，年紀只差一歲，很有可能互相認識。就算她們兩人原本不認識，但震驚世人的「屍體郵差」的真正身分是當時年僅十四歲的園部信一郎，這在那一帶應該是人人皆知的事情。

如今的御子柴，就是當年的「屍體郵差」，這件事一度成為法律界的熱門話題。如今警界組織從高層到基層人員，都把御子柴視為眼中釘。雖然早在身分曝光之前，警察就把御子柴當成了天敵，但是在身分曝光之後，警察對御子柴的敵意更是翻了好幾倍。

在這樣的狀況下，洋子不可能不知道御子柴的真實身分。明知道自己的老闆曾經殺過人，還是願意受到雇用，光是這一點就很不可思議。如今又發現洋子當年曾經和佐原綠住在相同的地區，更是讓御子柴的心中充滿了疑竇。對日下部洋子來說，「屍體郵差」並不是一般社會上的殺人凶手，而是小時候很可能曾經擦肩而過的殺人魔。

御子柴越是思索，越是摸不透洋子這個人。她到底是基於什麼樣的目的，才會留在御子柴的身邊？這些年來，洋子甚至不曾提過自己沒有戶籍。像這樣的女人，絕對不可能輕易說出她對御子柴的真正想法。就算當面質問她，她大概也會保持緘默。既然如此，唯一的做法就是自己找出真相。除此之外，殺害知原的真凶與洋子到底有過什麼樣的接觸，也是必須釐清的重點。

首先該從哪個方向開始追查呢？第一步，應該是查出洋子進入御子柴法律事務所之前，到底在哪裡工作。

御子柴從桌上的檔案夾裡取出了洋子的履歷表。洋子的前一個職場是「岡村ＯＡ設備」，那是一家辦公室設備製造廠，辦公室位於荒川區的南千住。

隔天，御子柴立刻拜訪了「岡村ＯＡ設備」的辦公大樓。整棟大樓的機能基本上就像是企業的總部，一樓展示著該公司生產的各種產品。如複合式事務處理機、電子黑板等等產品等間隔排列，看起來有些雜亂。

御子柴在門口櫃檯告知了來意，立刻被帶往三樓。一名五十多歲年紀、身材高瘦的男人走了出來，一看見御子柴就伸出右手，御子柴只好與他握了手。

「你就是御子柴律師嗎？我是營業企劃部的飛田，曾經擔任日下部的上司，請多多指教。」

對方一見面就表現得相當熟絡，令御子柴起了戒心。

「我們曾經見過面？」

「不曾，但我久仰御子柴律師的大名。」

御子柴心想，難道這個男人明知道自己的過去，卻還露出虛偽的笑容？但此時的當務之急，是詢問洋子在職期間的詳情，因此御子柴決定暫時忽視自己的問題。

飛田將御子柴帶到另外一間房間，兩人相對而坐。即使坐下之後，飛田還是比御子柴高了一顆頭，御子柴只能抬頭仰望對方。

「你在電話裡提到，目前你正在為日下部辯護？」

「沒錯，她是我的事務員，如果不將她從留置室救出來，我事務所的工作都沒有人做。」

「我明白，少了一個人，其他事務員的負擔就會加重。」

「我的事務員就只有她一個。」

「咦？」飛田發出了吃驚的聲音。那神情頗為真實，並不像是在演戲。

「只有一個事務員，能忙得過來？」

「這全多虧日下部相當優秀。雖然我沒有詳細比較過，但我相信在相同的時間裡，她能處理的工作量是其他事務員的兩倍。」

「兩倍……嗯，如果是日下部的話，確實有可能。」

從這句話聽來，飛田對日下部的評價相當高。

「她在貴公司上班的時候，同樣能夠做比別人更多的工作？」

「那還用說，當然是……呃，律師先生，你可別誤會，我們可沒有虐待勞工。」

「我這次前來拜訪，並不是想要問這個，請不用擔心。」

「當然在我們公司，或多或少還是得加班。辦公設備業界就跟其他業界一樣有著人才荒的問題，每個人的工作量當然都很高。日下部剛進我們公司的時候，表現得相當平凡，不是什麼聰明伶俐的類型。但是她做事相當認真，慢慢累積經驗，做事情的速度越來越快，最後一個人可以做兩人份的工作。」

「她在我的事務所也是這樣，不管任何工作，一旦抓到了訣竅，速度就會大幅提升。」

「哈哈哈，她在你那裡也一樣嗎？果然優秀的員工，不管做什麼樣的工作都能有好的表現。」

飛田的口氣中帶著幾分懷念與幾分惋惜。看來洋子離職的時候相當和平，並沒有發生爭執。

驀然間，飛田的表情顯得有些不安，望著御子柴說道：

「律師先生，我知道你身為辯護人，可能不方便說實話，但我還是忍不住想問，日下部真的殺了人嗎？」

「她本人全盤否定。」

「在你看來呢？相信你應該接觸過相當多的委託人，練出了好眼力才對。」

在御子柴的觀念裡，辯護人的真正看法其實根本不重要。不管私心認為委託人有罪還是無罪，都必須依照委託人的要求進行辯護，這是身為辯護人的職責。

但是面對像飛田這樣的人，如果不給他一個讓他滿意的答案，恐怕無法獲得他的協助。

「既然日下部主張無罪，我當然是相信她。」

「我想也是。」

「同樣的問題，我也想請教你。當你聽到她殺了人的消息時，有什麼感想？」

飛田支支吾吾，似乎不曉得該不該回答這個問題。

「飛田先生，就算你說出的證詞對日下部不利，我也不會改變我的辯護方針。」

飛田又沉默了半晌，才緩緩開口說道：

「老實說，我剛從電視新聞上得知這個消息時，有兩點讓我感到很驚訝。第一點，當然是日下部竟然會因殺人罪嫌而遭到逮捕。我們在電視上看記者訪問嫌犯的親戚或朋友，不是常常會聽見這樣的回答嗎？『我所認識的他，實在不像是會做這種事的人』……我當時的心情也是這樣。當然除非是家人，否則又不是整天都在一起，不太可能完全互相理解。以我自己為例，在家裡時的我，與在公司時的我也不一樣……」

御子柴聽到這裡，不由得產生想要反駁的刁鑽念頭。就算是同住在一起的家人，也不見得能夠看出一個人的本性。御子柴自己的家庭，就是最好的例子。父母和妹妹都沒有察覺棲息在御子柴心中的惡魔，而御子柴也無法理解家人們的人生樂趣到底是什麼。

「話雖如此，但是當我聽到日下部殺了人的時候，我還是說什麼也無法相信。或許我這麼說，會惹來你的恥笑，但我認為這世上有些人會跨越最後那條紅線，但有些人終究會在紅線前改變心意。」

「你認為日下部屬於後者？」

「我所知道的日下部，幾乎從來不曾批評他人。而且在我看來，她並非認為事不關己，而是因為她是一個非常懂得深思熟慮的人。」

「你的意思是說，懂得深思熟慮的人不會殺人？」

「唔，倒也不是那個意思……」

飛田的視線左右飄移，似乎是在思考如何解釋。

「畢竟我們這個社會將殺人視為最大的禁忌。就算遇上再怎麼該死的壞人，懂得深思熟慮的人在面臨最大禁忌時還是會回心轉意。雖然這只是我的拙見……但我認為日下部就是這樣的人。」

御子柴對這套說詞也抱持不同的看法。深思熟慮與殺意是完全無關的兩碼子事。雖說有很多被告是一時衝動而殺人，但這只是自制能力的問題，不能與殺人動機劃上等號。深思熟慮的人也是會殺人，只不過他們會思考借刀殺人的手法，不會輕易弄髒自己的雙手。飛田雖然說得煞有其事，畢竟也只是在唱高調，實質的內容膚淺而空泛。

「你說有兩點令你驚訝，請問另外一點是什麼？」

「那就是日下部與遭到殺害的男人曾經交往過。她在我這裡工作的時候，我從來不曾聽過她跟誰談情說愛，所以我看了新聞後感到有點意外。」

「貴公司在招募新人的時候，會舉行筆試及面試？」

「對，如果是應屆畢業生的話……日下部當時是短期大學畢業，所以應該也接受過筆試及面試。」

「應徵者必須提出什麼樣的資料？」

「我不是人事部的人，並不是很清楚細節，但應屆畢業生的話，應該要交居民票、履歷表及預計畢業證明書。」

「等等能不能讓我看一看日下部的履歷表？」

「這個要問一下人事部……而且我沒記錯的話，履歷表這種東西除非本人要求歸還，否則公司保管一定期間之後就會作廢。」

關於履歷表的處理原則，飛田的描述並沒有錯。當應徵者將履歷表交給企業之後，企業就獲得了履歷表的所有權。從法律的觀點來看，因為履歷表的所有權歸企業所有，所以企業沒有將履歷表返還應徵者的義務。但是依照厚生勞働省的規定，當企業在完成審查、達成其目的之後，就必須廢棄或刪除所有包含個人資料的文件。

實際上有些企業會將履歷表的內容建檔保存。其主要的目的，是當不合格者再度應徵的時候，可作為參考依據。至於這麼做是否違反厚生勞働省的規定，企業的主張是「履歷表的正本已經廢棄，所以並沒有違反規定」。御子柴自己的事務所也採取了這樣的做法。

撇開這些不談，總之必須確認洋子在應徵「岡村ＯＡ設備」時繳交的履歷表。如果上頭記載的內容，與御子柴法律事務所保管的履歷表內容有不相符之處，或許就可以從中發現一些端倪。

「最後一點，能不能請教日下部當初離職的理由？」

「唔……其實我到現在還是摸不著頭緒。」

飛田搔著頭說道：

「她在工作了三年多之後，突然提出辭呈。當時她已經是我們營業企劃部的王牌，一個人可以當兩個人用，我聽到她突然說要離職，真的是嚇傻了。要是她走了，我們公司等於是同時失去兩名職員，我當然是拚命挽留她，可惜她的辭意非常堅決。直到現在，我還是很懊惱沒能將她留下。她的離職，對我們的影響真的很大，當時我們公司的業績正逐漸好轉，所以上頭幫我們營業企劃部補了兩名應屆畢業的新人，結果那兩個人都是完全教不會的木頭，對我們完全沒有任何幫助。我當時一天到晚感慨，要是日下部能夠留下來就好了。」

「她到底用了什麼樣的理由，才讓你願意放這麼優秀的人才離去？」

「她突然說想要在法律事務所工作。真的很突然，完全沒有任何前兆。」

「在那之前，日下部從來不曾表現出對法律事務所感興趣的態度？」

「完全沒有。所以我們都感到一頭霧水。我問她為什麼突然對法律事務所感興趣，她的回答是這樣的……『我不是對法律事務所感興趣，是對某個律師感興趣』。」

御子柴心中有了不好的預感。

「接著我問她那個律師是誰，她說出了你的名字。剛剛我說久仰你的大名，其實是因為這個緣故。」

御子柴默默點頭。

「如今回想起來，日下部對你抱持的感情應該不是單純的感興趣，而是一種尊敬。她大概是在電視上得知你擔任律師的豐功偉業，對你相當佩服吧。」

「佩服？」

「能夠由自己最佩服的律師為自己辯護，我想日下部就算是死也瞑目了。」

說得好像洋子已經沒有活命機會一樣。御子柴心想，看來眼前這個男人太過小看自己的能力。既然要為洋子辯護，如果沒有辦法為她贏得無罪判決，那就沒有任何意義了。

「御子柴律師，我也要拜託你，請你想辦法救救日下部。她竟然會被關進牢裡，一定是什麼地方搞錯了。」

御子柴嘴上應了一句「我明白了」，心中卻咕噥著完全不一樣的話語。

這個世間本來就充滿了錯誤。正因為如此，自己這種譁眾取寵的人物才能成為某些人眼中的救星。

飛田離開了房間，半晌之後又走了回來，一臉歉意地低頭說道：

「我剛剛到人事部問過了，他們說早就把履歷書歸還給日下部了。」

「你們沒有建檔留底嗎？」

「他們說履歷書不會建檔……沒能幫上忙，真是非常抱歉。」

離開了「岡村ＯＡ設備」後，御子柴依然滿腦子思考著飛田所說的話。

洋子在那裡工作到第三年，突然決定要轉職到御子柴法律事務所。或許就像飛田所說的，她可能是在

電視或報章雜誌上看見了御子柴的照片吧。但不是因為御子柴的豐功偉業，而是因為她得知御子柴就是當年的「屍體郵差」園部信一郎。

在辦公設備製造廠裡，洋子不僅能力受到肯定，而且上司也對她極為倚重。從女性上班族的立場來看，那應該是個相當好的工作環境。然而洋子卻拋棄這麼好的職場，毅然決然地跳進了充塞著煩人的法律術語的陌生世界。她這麼做的唯一目的，就是接近御子柴。

為什麼她要接近御子柴？

御子柴心中的疑竇，最後還是回到這個問題上。

雖然現階段並不清楚這與知原遭到殺害是否有關，但只要這個問題的謎底沒有解開，將洋子留在身邊就像是架了一把刀子在脖子上，坐臥皆不得安心。

回到事務所時，寶來正忙著處理請求書的開封作業。

「早。」

寶來一副全心投入於工作中的模樣，見到御子柴只是輕輕舉手打了招呼。御子柴朝桌上一看，只見新開封的懲戒請求書已堆成了一座小山。寶來不愧是谷崎推薦的幫手，事務處理能力確實是第一流人才。

「看來頗有進展。」

「目前還只做了三分之一。我越做越覺得你的事務員真的是太厲害了。等到她無罪開釋，我一定要來挖角。」

寶來這句話，不知是譏諷還是玩笑。直到昨天為止，御子柴聽了這種話只會隨口敷衍，但剛剛飛田的證詞，讓御子柴的態度有所改變。

「如果你是認真的，可以問問看她的意見。」御子柴想了片刻後說道。

這回答似乎讓寶來感到頗為意外。他瞪著御子柴，似乎想要看穿御子柴心中的想法。

「她對你來說，應該是相當難得的工作夥伴吧？你願意把她讓給我？」

「她並沒有跟我簽下奴隸契約，一旦她不想繼續待在這個地方，自然會離職。如果她留下來，就代表她有想要留下來的理由。不管是離開還是留下，都不是我該干涉的事情。」

「好吧，先不談這個。你認為部落客『國家正義』有可能就在這些懲戒請求者之中？」

「不排除這個可能性。」

「既然如此，為了確認部落客的身分，我認為應該要求網路平臺業者提供個資。」

只要向網路業者要求提供使用者個資，就可以得知部落客的身分。這種做法通常是為了向網路上的誹謗者提出民事求償訴訟或刑事告發。

御子柴當然也考慮過這一招，但是從提出申請到獲得法院核可，往往曠日費時，所以御子柴最後沒有採行。但假如寶來願意為了贏得報酬而做這件事，那又另當別論。

「這交給你來判斷，你想這麼做就做吧。」

「聽你的口氣，好像對這件事漠不關心？」

「我只是有其他更加關心的事。不過我也樂見你把這傢伙揪出來。一旦失去了匿名的保護傘，真實的姓名及長相暴露在世人面前，這傢伙必定會醜態畢露。我相當期待看見那一幕。」

「我有同感。」

「但比起證明愚蠢之輩的愚蠢，我更感興趣的是讓這些懲戒請求者付出金錢上的代價。」

「看來你是個十足的功利主義分子。」

一個專門索討過度繳息金的律師，似乎沒資格說這種話。御子柴心裡如此想著，但當然沒有說出口。

「我得出一趟遠門，事務所就麻煩你幫忙顧一下。」

「出遠門？你要去哪裡？」

「福岡。如果查得快，今天之內就會回來。如果查得慢，可能會住一個晚上。」

「你要去福岡查什麼？」

御子柴也不知道自己能在福岡查到什麼，只是沉默不語。

## 3

當天御子柴便來到了洋子最早期居住的地區。

福岡市南區大橋相生町四丁目。這一帶與御子柴老家所在的禮乘寺町並不在同一個行政區域內。

街景看起來相當老舊。商業地區有大型電機製造廠進駐，因此有一定規模的開發，但一般民宅反而減少了。街上甚至還可看見一些昭和時期的木造房屋，為整個城鎮蒙上了一股舊時代的氛圍。

當年御子柴還住在這一帶的時候，居民包含不少的孩童，但如今已超過三十個年頭，許多年輕人都流往外地，留下來的大多是五、六十歲以上的中老年人。孩子們不願留在這種老舊的社區裡，再加上少子高齡化的影響，造就了這一帶街景的蕭條。

這老舊的街景，逼迫御子柴想起了三十年前的回憶。每一棟建築物都有著似曾相識的感覺，令御子柴的步伐變得無比沉重。從前為了替母親辯護而回到出生地時，心中的抗拒感反而不如這次強烈。

沒想到自己會再踏上這塊土地。

就在這個町內，御子柴綁架並殺害了年幼的佐原綠。

直到今天，御子柴依然清楚記得阿綠的家在哪裡。多年來一直想要加以遺忘，卻總是如噩夢一般重回心頭。想必直到自己斷氣的那一天，那副景色都不會從自己的心中消失。

上次前往出生地時，御子柴的心情還算是游刃有餘。畢竟御子柴對從小生活的家庭並沒有歸屬感，和家人之間也格格不入，所以御子柴對那個家完全沒有罪惡感。

但是佐原綠的家就不同了。自從在醫療少年院裡產生了罪惡意識之後，御子柴就對佐原綠抱持著極大的恐懼。彷彿只要一踏入阿綠的存在範圍之內，全身就會遭到吞噬。但是洋子小時候的家，就在阿綠的家附近。想要前往洋子的家，無論如何必須通過阿綠家的門口。何況這次回到福岡，主要的調查目標就是佐原綠身邊的人事物，因此沒有辦法刻意避開。

當然佐原一家早已不住在這裡，這是御子柴打從一開始就知道的事情。自從阿綠死後，佐原一家就搬往了神戶，後來又搬遷了數次。原本的佐原家也遭夷平，如今變成了電信公司的營業處。如今這一帶已經完全沒有佐原一家曾經居住過的痕跡。然而御子柴真正的敵人並非現實，而是凌駕了現實判斷能力的罪惡感。多年來恐懼一直隱身在潛意識之中，從來不曾消失。

該死。

棲息在體內的園部信一郎，再度誇耀著自己的存在。當年決定以御子柴禮司的身分活下去時，明明已經將園部信一郎封印在內心的深處，如今卻依然在心頭若隱若現。

幸好御子柴知道該向誰求助。那就是住在商店街外的一個姓高峰的老人。他曾經擔任社區的里長，雖然年紀老邁，卻是精神矍鑠，將從前的事情記得比現在的事情更加清楚。過去御子柴在調查某案子的時候，曾經接受過高峰的幫助。靠著高峰的過人記憶力，御子柴才能在法庭上取得優勢地位。以高峰的記憶力，應該能夠將日下部一家人的事情記得一清二楚吧。御子柴很少像這樣毫無道理地期待一個人的證詞。

然而來到高峰的家門前時，御子柴的心涼了一大半。眼前那棟曾經見過的老舊木造建築，窗戶玻璃泛白而混濁，而且屋脊塌了一塊。

御子柴按了好幾次對講機，門內卻無聲無息。過了好一會，隔壁屋子的屋主走出來說道：

「高峰爺爺已經過世了。」

「什麼時候過世的？」

「去年的年底。他在家裡過世，被快遞員發現。死因好像是心臟衰竭什麼的。」

「……真是可憐。」

「是啊，不過高峰爺爺過世的時候已經九十歲了，算是善終吧。」

道了謝之後，御子柴一時不知如何是好。為什麼自己會一直認定高峰還活著？上次見到高峰的時候，他已經是八十六歲高齡，隨時有可能作古。

御子柴在路上愣愣地站了一會，轉身走向洋子的舊家方向。

從大馬路轉進一條小巷子裡，在有著紅色屋頂的理髮店右轉，再往前走一小段路，便看見了電信公司的招牌。

電信公司的營業處裡可看見員工們的身影。從御子柴所站的位置只能看見兩人，那兩人都是一副無所事事的模樣。這樣的景象，完全看不出當年這裡曾經是佐原家。

御子柴一方面鬆了口氣，一方面卻又聽見園部信一郎在心中發出訕笑聲。

你以為沒有了那棟屋子，你的罪孽就會跟著消滅嗎？

聽清楚了。你背負的罪行會一直糾纏著你，直到你死的那一天。它會躲藏在宛如一層薄膜的贖罪意識底下，靜靜等待著探出頭來的契機……

御子柴甩了甩腦袋，將這些雜念拋出腦外。

你給我閉嘴！等等我會有時間陪你耗，現在先讓我專心調查洋子的事。

想要知道這一帶從前發生過的往事，最快的方法就是詢問高峰。但如今高峰已經過世了。既然如此，御子柴只能靠自己的雙腳把藏在各處的線索找出來。

洋子從前的家是四丁目九—七，與電信公司的營業處隔了約八間屋子。御子柴繼續往前進，確實找到了地址為九—七的屋子，但是門口的屋主姓氏牌上寫著「名越」。

御子柴按下了對講機。

〈哪一位？〉

「打擾了，請問這裡是日下部洋子小姐的老家嗎？」

〈不，我家姓名越，你是不是找錯了？〉

顯然洋子的家人早已不住在裡頭。御子柴道了歉，抬頭看了看兩側的鄰家。

這一帶是相當老舊的社區，應該會有人還記得日下部一家人才對。如今只能這麼相信了。御子柴於是以名越家為中心，將附近的幾間屋子全問了一遍。

但畢竟事隔三十年，完全問不到任何線索。

〈我是嫁過來的，不清楚從前的事。〉

〈日下部？沒聽過。〉

〈我爸爸媽媽都不在家。〉

問到第八間，才終於遇上了一個可能知道往事的人。

〈噢，你說洋子嗎？真懷念啊。那時候我們這町內還有很多孩童呢。〉

「我想請教一些關於洋子的事。」

那是一名年紀應該超過八十歲的老婦人，看起來和藹可親。御子柴向她說明了來意，她將御子柴請進屋內。老婦人名叫倉科須美，她聲稱還記得日下部母女的事。當然她想必也還記得「屍體郵差」的案子，但或許是因為這一帶距離從前的園部家頗遠，所以她沒有發現御子柴就是當年的園部信一郎。

「洋子現在官司纏身？」

老婦人須美似乎平常沒有看新聞的習慣，聽了御子柴的描述後大吃一驚。

「你在幫她辯護？」

「是的。」

「那請你告訴法官，洋子是個吃過很多苦的孩子，她一定能夠理解別人心中的痛苦。」

御子柴聽到須美這麼說，登時精神一振。或許這個老婦人知道洋子想要隱瞞的往事。

「她吃過很多苦？能不能說得更具體一點？」

「她家是單親家庭，她從小和她媽媽春奈相依為命。現在名越那一家人所住的房子，從前是一間租屋，春奈和洋子兩個人住在裡頭。」

「她父親呢？在搬來之前就過世了嗎？」

「這個說起來有點複雜。」

須美向御子柴招招手，接著說道：

「春奈離過一次婚，她的前夫是個很過分的男人，經常動手毆打春奈。」

「所以她們母女兩人逃到這裡來？」

「不，不是這樣的。春奈的第二任丈夫姓日下部，但春奈的姓氏還是須黑。你明白我的意思嗎？春奈並沒有辦離婚手續，就跟日下部住在一起。後來才出生的洋子，是春奈與日下部的女兒。」

須美的說明大致如下。

姓須黑的男人經常對妻子春奈家暴，春奈忍受不了而逃離家門。後來春奈結識了日下部，並生下了洋子。由於須黑一直沒有答應離婚，造成了前述的「三百日問題」，春奈不希望讓自己與日下部的孩子姓須黑，因此沒有進行出生登記。春奈曾考慮過與須黑進行交涉，但春奈本來就是因為害怕家暴才會逃走，所以一直提不起勇氣。日下部曾經代替春奈與須黑談判，結果卻被須黑打得鼻青臉腫，只能倉皇逃回。

「日下部從小就是個好命的大少爺，加上體格瘦弱，不擅長打架。春奈被凶惡的前夫欺負得慘了，第二任丈夫當然會找像日下部這種人。」

後來日下部一直與春奈、洋子母女住在一起。洋子依然沒有戶籍，住家附近有許多同年齡的孩子，日下部與春奈擔心如果再這麼下去，其他的孩子們都上幼稚園、上小學了，洋子卻可能無法接受義務教育。

最後日下部與春奈懇求區公所的人員幫忙，才讓洋子進行居民登錄，取得居民票。直到這一刻，洋子才正式擁有日下部這個姓氏，能夠享受各種居民的權利。

「但是春奈的丈夫運實在很差，過了一陣子，日下部竟然遭遇車禍，就這麼死了。」

由於春奈一直沒有辦理離婚手續，她與日下部只是同居人的關係。但洋子卻姓日下部，形成了矛盾。

「春奈與日下部的家人們也處得不好，母女兩人被趕了出來，最後流落到了相生町。我記得她們剛來到這裡的時候，洋子好像是三歲吧。」

「就算沒有戶籍，只要能夠享受各種居民的權利，生活上應該是不成問題才對。」

「那只是表面上。畢竟母親與女兒的姓氏不同，知道內情的街坊鄰居或許不覺得這有什麼大不了，但其他地區的孩子們卻會把洋子當成欺侮的對象。」

此時須美的眼神，就像是看著路旁的狗糞。

「孩子的行為往往相當殘酷。洋子還沒有上國小，就經常遭到其他孩子欺負。幸好當時有兩個孩子，總是會保護洋子。她們都住在這附近，而且年紀和洋子差不多。一個是佐原家的阿綠，另一個則是美幌家的孩子。她們三個感情非常好，簡直像是真正的姐妹。」

御子柴雖然裝出平靜的表情，內心卻極為震驚。

洋子小時候果然認識佐原綠，而且兩人情同姐妹。

「可惜人生不如意十常八九，接下來輪到阿綠出事了。在阿綠五歲的時候，她被人殺死了。而且凶手的殺人手法很可怕，他把阿綠的身體切成了好幾截。這起案子嚇壞了所有的日本人，你應該也還記得吧？」

「呃，記得。」

「當時佐原一家人真的是難過到了極點。那起案子的凶手，是住在離這裡有點遠的禮乘寺町的一個國中生。聽說他完全沒有接受審判，只被送進了一間像醫院一樣的設施裡，說穿了就是受到法律的保護。明明殺了一個小女孩，卻可以享受細心看護，不必接受任何處罰，而且還不會有前科。」

「這是《少年法》的規定。」

「殺人的國中生能夠在醫院裡受到保護，佐原一家人可就沒有那麼好運了。說起來只能怪這個世間太過冷酷無情。佐原家明明是受害者，卻開始遭受各種責罵與攻擊。有人在他們家的門上貼紙，要他們別擺出一副受害者的可憐模樣，還有人對他們家打惡作劇電話。總之真的非常過分，佐原一家人剛開始還忍耐著，後來還是搬家了。」

佐原一家的下落，御子柴也曾調查過。他們後來搬到了神戶，阿綠的姊姊離開了父母的身邊。

「他們要搬家的時候，還來跟我打過招呼。當時他們看起來很不甘心，我想這也是理所當然的事，他們明明是受害者，為什麼得逃離這個地方？」

「想要丟石頭的人，不會在意丟石頭的對象是受害者還是加害者。」

「為什麼會發生這種事？」

「因為他們只是想要發洩日常生活中的悶氣而已。那些喜歡高喊善良、正義的衛道人士，大多都是這種人。」

「或許你說得沒錯吧。春奈曾經說過，她那個姓須黑的前夫在外頭也是個風光體面的人，雖然會對春奈及洋子施暴，對外人卻是相當紳士。」

外表看起來和善的好人，卻會做出家暴惡行，這樣的例子可說是一點也不罕見。正因為表面上是個好好先生，附近的街坊鄰居及兒童家暴事件的調查員也往往會遭到欺騙。

「從前春奈常常提醒我們，絕對不能被一個人的外表及身分給騙了。這真是血淋淋的教訓。所以我也常常告訴自己，不要相信一個人的職業或身分。」

「這是很正確的心態。」

「我那已經過世的老伴也是這樣。平常看起來斯斯文文，喝了酒之後就會開始鬧事，沒有人制止得了。一個人要翻臉，就跟翻書一樣簡單。說穿了這些人原本就是衣冠禽獸，只是平常戴上了面具而已。」

須美這番話確實頗有哲理，但御子柴決定起身告辭離開。反正再待下去，大概也問不出其他與日下部家有關的線索。

「謝謝妳的證詞，對釐清案情非常有幫助……」

御子柴正想說幾句離去前的場面話，須美卻接著說道：

「御子柴律師，我們是第一次見面，我卻願意把洋子的事情告訴你，你知道為什麼嗎？並不是因為你的身分是律師，而是因為你不顧自己的污名，努力想要幫助他人。」

御子柴一愣，目不轉睛地凝視著須美。

「什麼意思？」

「我跟高峰是經常一起喝茶的好友，他向我提過關於你的事，只是我剛剛一直沒有告訴你。」

「原來如此。」

「你就是園部信一郎，對吧？」

御子柴霎時倒抽了一口涼氣。

「高峰自從跟你談過之後，就對那起案子產生興趣，一直關心著審判的進展。因為這個緣故，他得知了你就是園部信一郎。」

須美抬頭仰望著御子柴，但那完全不是看著犯罪者的眼神。

「妳明知道我的身分，還是對我說了那些話？」

「高峰跟我說過，雖然不知道這些年來你有過什麼樣的遭遇，但你已經不是當年的園部信一郎了。為了拯救委託人，你就算是弄髒自己也在所不惜。現在的你，早就已經脫胎換骨了。」

須美的眼神極為慈和，卻又帶了三分哀憐。

「高峰要是活著，得知御子柴律師這次想要拯救洋子，一定會二話不說就提供協助。這就是為什麼我決定要幫助你。」

「……對日下部洋子來說，我是殺害了好朋友的仇人。」

「但你還是想要拯救她。正因為你是這樣的人，高峰才會信任你。」

「最好不要輕易信任他人。不管是高峰還是妳，恐怕都還沒有見過真正的壞人。」

「你太小看老人的狡詐了。」

「妳是一個狡詐的人？」

「不管你認定自己是一個什麼樣的人，至少高峰和我都在背後支持著你。現在你知道了這一點，我想你絕對不會輕易放棄為洋子辯護。」

御子柴一時啞口無言，半晌後才說道：

「……我會把妳的話銘記在心。最後我想再問一個問題。妳剛剛提到的美幌家，現在還住在這附近嗎？」

「說起來可憐，那一家的父母後來相繼病逝，孩子高中畢業之後就離開了這裡。從那之後，我就再也沒見過那孩子了。」

御子柴離開了倉科家，完全沒有休息，立刻馬不停蹄地趕往了南區的區公所。根據須美的證詞，洋子的母親須黑春奈過世於此地。倘若須美的證詞為真，南區的區公所必定收到了春奈的死亡申告書，同時必定可以申請春奈的居民票廢除證明。御子柴並非不相信須美的證詞，但為了保險起見，有必要加以求證。

御子柴在南區的區公所申請了須黑春奈的居民票廢除證明。在等待的期間，御子柴試著在心中釐清一個浮現在腦海的疑問。

根據洋子的上司飛田的說法，洋子在「岡村ＯＡ設備」原本深獲重用與信賴，卻在第三年時忽然決意要轉職進入御子柴法律事務所。令御子柴感到不解的是「進入公司第三年」這個時間點。依照時間往回推，當時應該是二〇〇四年。洋子為什麼會在那一年做出這樣的決定？

御子柴首先想到的可能性，是自己的照片出現在大眾媒體上，被洋子看見了。在他人的眼裡，自己的相貌似乎相當好認，特徵是薄薄的嘴唇與微尖的耳朵。這些特徵都是從孩提時代就存在，因此當年認識園部信一郎的人，有很大的機率會在三十多年後認出御子柴就是園部信一郎。雖然當年殺害佐原綠時，洋子的年紀才四歲，但孩童的記憶力絕對不能小覷。過於強烈的精神打擊，很可能會在孩子的心中留下深刻的記憶。

問題是在二〇〇四年，自己是否曾經在大眾媒體上露臉？御子柴反覆思索，才終於想到了一起案子。

二〇〇二年八月，茨城縣水戶市發生了一起女童慘遭殺害的凶案。嫌犯是一名有妻兒的大卡車司機，當時年紀三十五歲。警方以殘留在犯案現場的體液進行DNA鑑定，鎖定這個人涉嫌重大。

這起案子的犯案手法相當殘酷，凶手先性侵了天真無邪的女童，接著將其勒斃。整起事件在社會上鬧得沸沸揚揚，凶手遭到全日本民眾的憎恨與唾棄。

負責為嫌犯辯護的律師，就是御子柴。御子柴將調查的重點鎖定在關鍵體液的DNA鑑定上，委託民間的鑑定中心重新進行DNA鑑定，結果得到的結論與科搜研的結論完全不同。

到了二〇〇四年九月，水戶地方法院以科搜研的DNA鑑定不足採信為由，判決嫌犯無罪。

法院秉持的立場是無罪推定原則，也就是在掌握犯罪證據之前，當推定其為無罪。這是非常合理的判決，卻引來社會大眾的嚴厲反彈。世人對被告的憎恨，全都投射在辯護人御子柴的身上。無罪判決一出爐，御子柴立刻遭受記者群及好事民眾團團包圍，一時之間御子柴成了人人喊打的過街老鼠。

「你只管拿錢，不管是非黑白？」

「你的所作所為根本不是辯護，而是扭曲事實。」

「女童地下有知，一定會讓你遭到報應。」

煽動群眾的仇恨心態，是大眾媒體的工作之一。在此之前，御子柴一直刻意避免自己的名字和長相過度曝光，但是到了這個地步，想不出名也難了。短短幾天時間，御子柴禮司的長相及姓名傳遍了日本全國。

洋子應該就是藉由這起事件的報導，認出了御子柴吧。無罪的判決不僅激發了「善良百姓」心中的正義感，也成為新聞媒體的絕佳炒作目標。御子柴那冷酷的表情，在媒體版面上滯留了超過一個星期。

值得一提的是這起案子還有後續發展。當初地檢廳得知地方法院的判決後原本打算要上訴，沒想到還沒有採取行動，水戶警署竟然對外宣布「真正的凶手」另有其人，已順利加以逮捕。自從爆出這個消息之後，社會上對御子柴的譴責聲浪瞬間宛如煙霧一般消散得無影無蹤。

這場審判雖然在初期激怒了全國的「善良百姓」，但以結果而言，卻成了御子柴法律事務所的最佳宣傳廣告。御子柴突然接到大量的辯護委託申請，每天忙得焦頭爛額，深深感覺到聘用事務員的重要性。就在這時，洋子上門應徵工作。經過面試之後，御子柴認為洋子這個人沒什麼不良特質，因此立刻加以採用。如今回想起來，這一切發生得未免太巧合。

御子柴想到這裡，區公所人員核發了春奈的居民票死亡廢除證明。春奈生前的最終居住地，確實就是這個南區。

在福岡的調查工作，到此告一段落。如果可以的話，御子柴希望自己這輩子不必再踏上這塊土地。

# 4

飛機從福岡飛往羽田機場。御子柴在飛機上小睡了片刻，一下機立刻趕往澀谷區，目的地是千駄谷四丁目。

遭受知原欺騙的眾多女性受害者當中，有一人選擇結束生命，那就是日比野美鳥。御子柴事先向她的上司佐佐本問了她的生前居住地址，得知是在澀谷區千駄谷。

在一片交雜著住宅及辦公大樓的區域裡，美鳥的生前居住地點是一棟屋齡超過二十年的老舊公寓。因為老舊的關係，一樓大門並沒有自動上鎖系統，御子柴直接前往佐佐本所告知的三〇四號室。

此時的時間剛過下午六點。御子柴原本擔心沒有人在家，幸好對講機傳來男人的聲音。

〈如果是要傳教，麻煩你離開。〉

或許是這附近常有宗教團體前來傳教，讓居民感到相當困擾吧。御子柴告知了來意，過了一會，大門打開一道縫隙，男人自縫隙向外窺望。男人的年紀約二十出頭，臉上帶著憤世嫉俗的神情，應該就是日比野美鳥的遺兒。

「你是日比野優一先生嗎？」

「我是……你說你是律師，有證件嗎？」

御子柴的領口上別著律師的胸章，但一般人大多不知道那由向日葵與天秤組成的圖案就代表律師。御子柴遞出了一張名片，優一這才似乎有些信了，將大門完全打開。

「你在調查知原命案？」

「我負責為嫌疑人辯護。」

「不管人是不是她殺的，麻煩你一定要救救她。」

優一瞪著御子柴說道。

「不管人是不是她殺的……請問你這麼說，有什麼特別的理由嗎？」

「沒什麼特別的理由，就是字面上的意思。如果她是冤枉的，麻煩你為她洗刷冤屈。如果知原真的是她殺的，為了感謝她做這件事，也麻煩你多幫助她。」

「你這麼憎恨知原？」

「他不僅騙了我的母親，還把我的母親逼上絕路，我能不恨他嗎？」

優一說得憤恨不已，接著轉身走進屋內。御子柴心想，他沒有制止自己進入，於是也大剌剌地跟著走了進去。最後兩人的說話地點是在餐廳。優一二話不說地坐了下來，御子柴於是也跟著在他的對面坐下。

「你想問什麼？」

「你剛剛說你憎恨知原？」

「我本來想親手殺了他，可惜被搶先了一步。」

優一的臉上帶著三分遺憾。

「對被害人表現出太過強烈的恨意，容易引來無謂的懷疑。」

「嗯，前陣子我逢人就說我想殺了知原，結果案發之後被警察找去問了一大堆問題。例如六月一日晚上九點至十一點，我在哪裡，在做什麼？」

「你怎麼回答？」

「就照實回答。我在這附近的便利商店打工，那天晚上剛好有班。那個時間是兩個人一起值班，我等於是受到嚴格監視，絕對不可能偷溜出來。完美的不在場證明。」

「原來如此。」

「但我是真的想要親手殺了知原，這可不是隨口說說而已。」

優一朝著走廊的另一側甩了甩下巴，說道：

「那邊是寢室，裡頭是一間和式房間。我母親趁我去打工的時候，以繩子穿過門框上的橫木，上吊死了。遺書裡寫的都是她有多麼恨知原。」

「她真的是自殺嗎？有沒有可能是遭到殺害？」

「大門從內側上了鎖，而且警察說脖子上的絞痕及骨頭的斷裂狀況，都符合自殺的條件。知原害死了我母親，所以我才會這麼恨他。」

「但是實際上到知原的任職公司抗議的人，是佐佐本先生，而不是令堂。」

「佐佐本是個大好人。他還來參加了我母親的守靈夜儀式。一個中年男人哭成那樣，讓我有點嚇到了。」

優一持續凝視著寢室的方向，並沒有將頭轉回來。

「我真的很感謝佐佐本。他哭得那麼悽慘，還跑到知原的公司大聲抗議，讓我的心情平復不少。大家不是常說嗎？看見別人生氣，自己就會變得冷靜。我沒有動手殺死知原，或許正是因為看見佐佐本氣成那樣的關係。恨到想殺人，跟真的把人殺死，畢竟是兩回事。」

御子柴意興闌珊地聽著優一大抒己見。這些話聽在一般人的耳裡，或許會相當認同，但是對實際殺過人的御子柴來說，那簡直就是童話故事。

「我原本感覺好像有一團滾燙的東西卡在我的胸口……」

優一以右手按著自己的胸口。

「但是當我聽見知原被殺死的消息時，我感覺那團滾燙的東西消失了。所以我真的很想向殺死知原的凶手道謝。」

「知原也有父母，他們應該恨著我的委託人。」

「我才不管那些。那混帳的父母要是知道那混帳對我母親做了什麼事，他們大概就不敢抱怨了吧。在我讀國小二年級的時候，我的父親就過世了，我的母親沒有任何證照，找了很久才找到『久喜電器』的工作。開始上班之後，又因為工時太長的關係，沒有什麼時間做家事。我還記得從前母親很忙的時候，阿姨常會來家裡做飯給我吃。」

「除了你之外，應該還有其他人因為令堂的自殺而難過吧？」

「那還用說嗎？除了日比野家之外，母親的娘家森澤家的親戚們也氣得直跳腳。他們兩家人都曾報警，但是警察根本不受理。這也是理所當然的事，因為那混帳並沒有直接下手殺人。警察站在民事不介入的立場，並沒有辦法干涉，大家都只能忍氣吞聲。」

「知原遭到殺害，兩家親戚都很開心？」

「再怎麼開心，也沒有我開心。爺爺、奶奶得知知原死了，反而像失了魂一樣。現在回想起來，他們大概是靠著憎恨知原來維持氣力吧。」

這一點，御子柴倒是頗為認同。有很多人是以憎恨作為活下去的能量。說得諷刺一點，遭憎恨者越是長命，憎恨者越能活得精力旺盛。

「謝謝你的證詞，非常有參考價值。」

御子柴道了謝，起身想要離開。優一忽然露出殷切的眼神，問道：

「律師先生，你對你的委託人很瞭解嗎？」

御子柴愣了一下，一時不知該如何回答。在調查洋子的底細之前，如果聽到這樣的問題，御子柴一定會毫不猶豫地說出答案吧。但如今那句話卻像一塊石頭，鯁在御子柴的喉嚨。

「如果你對那個日下部很瞭解，應該會知道她有沒有可能殺人吧？到底人是不是她殺的？」

「人是不是她殺的，對你來說應該一點也不重要吧？」

明明對方的年紀比自己小得多，御子柴卻只能勉強這麼回答。

「對我來說也是一樣。委託人到底有沒有殺人，根本不重要。我唯一追求的，是委託人的最大利益。」

御子柴離開日比野家的時候，天色早已全黑。今天一整天前往福岡及拜訪各相關人士，雖然有不少的收穫，但也消耗了不少的體力。

拿起手機一看，寶來已離開了事務所。他似乎已經找回從前處理事務工作的感覺，處理懲戒請求書的效率越來越高，在傍晚就已經完成一天份的工作。御子柴甚至已開始認真思考，如果洋子沒辦法回來的話，或許該考慮正式雇用他為事務員。

回到位於小菅的事務所前方時，御子柴看見門口站著一道小小的人影。

「誰？」

那人影轉過頭來，竟是個充滿稚氣的少女。

「律師！」

倫子露出燦爛的笑容，朝御子柴奔了過來。

津田倫子是從前某案子※的委託人的女兒，有著天不怕地不怕的性格，雖然那案子早已終結，她還是與洋子保持著聯絡。

「妳怎麼會跑到這裡來？」

「你忘了嗎？我寫過信給你，當然知道新事務所的地址。」

※請參考《追憶夜想曲》。

「我問的不是這個。」

「我已經十一歲了，能夠一個人搭電車。」

「我問的是妳來這裡的理由。」

「在這裡說話，會被別間辦公室的人聽見，應該不太好吧？」

這個死丫頭。

御子柴走近倫子一瞧，發現她長高了不少。從前第一次見面時，倫子的身高只到御子柴的腰際，如今倫子的頭已到御子柴的胸口。

御子柴一邊驚訝於倫子的成長，一邊默默打開事務所的大門。才剛打開電燈，倫子忽然通過御子柴的身邊，大剌剌地走了進去。

「噢，比之前的事務所小多了，而且比較舊。」

「是啊，小到多了個妳都覺得擠。」

言下之意，當然是要倫子立刻出去。但這種暗示用在十一歲少女身上，只是對牛彈琴。

「你的身體比我的大，要是覺得擠，那也是你的錯。」

「妳來找我到底有什麼事？十一歲的孩子，這個時間不應該一個人在外頭遊蕩。要是發生危險，我可救不了妳。」

「洋子姊曾經說過，這附近有看守所，所以經常會有警察巡邏，反而比別的地方安全。」

那該死的事務員，專門教孩子這些有的沒的。

「我再問妳一次，妳來這裡的理由是什麼？」

「我在電視上看到，洋子姊被警察抓走了？」

「那又怎麼樣？」

「我很擔心。」

「妳再怎麼擔心，也沒有辦法幫助她無罪釋放。」

「事務所沒有了洋子姊，只剩下你一個人，有沒有需要我幫忙的事情？」

「我這裡人手夠多了。」

「幫你做事情的人，真的有工作能力嗎？」

「比妳稍微好一點。」

寶來要是聽見這句話，不知心裡作何感想？他一定沒有料到自己身為堂堂大型法律事務所的老闆，會被拿來和十一歲幼童比較吧。

「聽懂了就快滾……我送妳回家。」

「洋子姊是被冤枉的吧？」

御子柴忍不住想要說出剛剛對優一說過的殺手鐧臺詞，但話到嘴邊還是沒有說出口。

「……如果是沒有勝算的辯護工作，打從一開始我就不會接下。」

「啊，我就知道你要幫她辯護。」

倫子露出戲謔的微笑。

「我早就猜到你不放心把這件事交給別人。」

一個小屁孩，用那種自以為能夠看穿他人心思的口氣說話，真是讓人越看越討厭。

「妳在家裡也是這種態度？」

「叔叔跟嬸嬸都對我很好，平常總是面帶微笑，從來不會罵我。但有件事讓我有點困擾。」

「什麼事情讓妳困擾？」

御子柴心裡有股不好的預感。

「該不會是家人對妳做了什麼事吧？」

「不是，是他們每天都問我要不要當他們的孩子，讓我覺得有點煩。」

「妳怎麼不答應？」

「當然不能答應，我要等媽媽回來。」

倫子的母親依然在監獄裡服刑，聽說再過不久就可以出獄了，但會不會與倫子一起生活還是未知數。

「妳外婆不把妳接過去一起住嗎？」

「外婆一直住在神戶，但我在現在的班上有很多朋友，不想搬到神戶去。」

御子柴聽到倫子說她有很多朋友，不知為何竟感覺到鬆了一口氣。或許是因為這幾天聽到不少單親家庭的孩子遭到欺負的例子。不過御子柴旋即又自我埋怨，這實在不像是自己該有的心態。

「對了，妳好像跟我的事務員經常互相聯絡？」

「嗯，用這個。」

倫子從口袋掏出了智慧型手機。這年頭就連這麼小的孩子，也會隨身攜帶手機。

「妳們都談些什麼？」

「怎麼樣變成像御子柴這樣的律師。」

「……妳要當律師我不反對，麻煩以別人當目標。」

「為什麼？」

「不要像我一樣成為遭人蔑視的律師。」

「但我很尊敬你。」

「妳的尊敬是在給我添麻煩。」

「洋子姊也說她很尊敬你。」

御子柴一時不知該如何回應。明知道自己的老闆從前曾經殺死自己在童年時期的好朋友，竟然還能說出「很尊敬」這種話，只能說洋子真不是省油的燈。

御子柴再度感受到自己的窩囊。自從開始調查這起事件之後，類似的心情已數次浮上心頭。

洋子這個女人待在自己的身邊這麼多年，自己竟然對她一無所知。

## 5

寶來從御子柴的事務所回到「HOURAI法律事務所」，立刻衝進自己的辦公室，從公事包中取出一封信。這是今天寄到御子柴事務所的信，寄信人為東京地方法院。由於御子柴到了傍晚還沒有回到事務所，所以寶來將信帶了回來。這封信雖然收件人為御子柴法律事務所，但提出申請者是寶來，而且已經事先知會御子柴。

信裡是一份「發信者資料開示假處分命令聲請書」。

寶來向御子柴提議揪出「國家正義」，既不是玩笑話，也不是吹牛皮。寶來自己也深受懲戒請求所苦，揪出部落客的行動能夠成為反擊懲戒請求者的一次絕佳經驗。

身為一般平民百姓，卻妄想對律師提出懲戒請求，這種狂妄自大的傢伙，一定要給他一點教訓才行。不然的話，那傢伙恐怕會誤以為民主國家就可以為所欲為。沒有地位、頭銜與權力的平民，就跟灰塵沒有兩樣。身為灰塵卻以為能掌握律師的生殺大權，只能說這傢伙太不自量力了。

寶來很清楚自己遭人提出懲戒請求的理由。自己挪用客戶所交付的金錢，的確是事實，就算遭受懲處也無話可說。但只有律師公會才有資格懲處律師，一般平民百姓並沒有這樣的權限。那些人擺出一副正義之士的嘴臉，只能說極為荒唐可笑。寶來不僅想要打從心底嘲笑這些人的愚蠢，而且還想要讓這些人墜入恥辱的泥沼之中。

寶來用來查出「國家正義」真實身分的手法，可說是最正統且正當的手法。只要能夠查出那個部落客所使用的IP位址，就能得知該部落客的姓名及地址。

詳細的做法及步驟如下。

（一）先評估要求開示發信者個資的成功機率。評估的依據，就在於部落格文章是否對御子柴構成誹謗。

（二）接著評估部落格文章已公開多少時日。有些網路服務業者會定期將網路上的資料刪除。一旦文章遭刪除，就無法追查出IP位址。

（三）向網路平臺業者寄出「發信者資料開示請求書」。為了避免網路平臺業者刻意拖延時間，須事先設定回覆期限。不過大部分網路平臺業者都會以保護個人隱私為由拒絕交付發信者個資。

（四）針對該網路平臺業者向法院提出「發信者資料開示假處分命令聲請書」。能否順利聲請成功，端看該部落格文章是否有誹謗中傷的事實。該部落格文章揭發了御子柴從前所犯罪行，這部分雖然是事實，但文章中使用了「可怕生物」、「在法庭上胡作非為」之類詞句，這很明顯構成了誹謗中傷。

（五）利用取得的IP位址，鎖定發信者所使用的網路服務業者。這個步驟非常簡單，只要取得IP位址及時間戳記，就能自行上網查出網路服務業者。

（六）制止網路服務業者刪除紀錄資料。如前所述，一旦網路服務業者將資料刪除，就沒有辦法再追查下去了。因此必須趕緊向網路服務業者總公司所在地的管轄法院提出「發信者資料刪除禁止假處分命令聲請」，以法律行動制止網路服務業者刪除資料。

（七）要求網路服務業者提供簽約者的姓名及地址。當然如果只是以書信提出要求，對方絕對不會同意，因此必須向網路服務業者提出「發信者資料開示請求訴訟※」。

經由以上的程序，才能揪出躲在部落格背後的藏鏡人。但是從步驟（三）到步驟（七）須執行兩次假處分及一次訴訟，因此完成整個程序往往需要八、九個月的時間。

像寶來這種一般正常的律師，只能採取上述曠日費時的作法。如果是御子柴的話，或許有一些遊走在法律灰色地帶的旁門左道，能夠迅速查出網路使用者的身分。但這次調查部落客的身分，目的在於追究其法律責任，因此採取正當手段還是比較保險的做法。

御子柴的事務所在今天收到了由法院寄出的聲請書，以前述步驟來看，已經進行到了步驟（四）。但是要到實際執行假處分命令，還有很長的一段路要走。不熟悉法律程序的人，往往會認為這樣的辦事效率實在是太差了。

然而事實上寶來已盡了最大的努力。如果依照正常的程序，法院的聲請書至少會晚兩個星期才寄到御子柴的事務所。聲請書能夠在今天就收到，其實是因為寶來要求熟識的法院書記官優先處理這個案子。電話攻勢再加上軟硬兼施的態度，往往能夠讓書記官妥協。

寶來心中最大的擔憂，是在進行到步驟（六）的「發信者資料刪除禁止假處分」之前，部落客可能會刪除文章，甚至是關閉網站。一旦被部落客逃走，就再也沒有辦法把他揪出來了。目前只能希望部落客並沒有察覺有人正在設法追查他的身分。

另外還有一件事讓寶來頗為掛心，那就是寶來最近發現自己和御子柴頗有相似之處。例如兩個人都把律師工作視為單純的商業行為。不管委託人是什麼妖魔鬼怪，只要願意付錢，兩人都會願意為對方工作。不僅如此，而且兩人在心態上都有著強烈的執著。某些其他律師不願意碰的案子，只要在兩人的眼中有利可圖，兩人絕對不會輕易放棄。

寶來絕對不承認自己與當年的「屍體郵差」是同一類人。然而越是比較，越能找到更多兩人的共通點。雖然過去兩人一直維持著水火不容的關係，但那搞不好只是同性相斥而已。

我跟御子柴是同一類人？

這太荒謬了。

寶來越來越搞不清楚自己到底是怎麼樣的一個人。功利主義？拜金主義？重視金錢更勝於尊嚴？重視利益更甚於人情義理？當然這些想法本身都沒有什麼不對，但寶來發現自己越是往這個方向前進，自己就與御子柴走得越近。自己與御子柴的唯一差異，只剩下「過去是否曾經殺過人」。但那真的算是差異嗎？當時機與處境符合了某些條件，或許自己也會輕易做出殺人的行為。

寶來越想越是焦慮。不，不對，這中間一定有一條明顯的界線。會殺人的人，與不會殺人的人，是兩種完全不同的生物。兩者之間必定有著一道無法跨越的高牆。自己雖然與御子柴有著許多共同點，但這並

※ 臺灣與日本在向網路業者申請提供個資的作法上頗有不同，臺灣通常是必須由警察透過檢察官向法院聲請「調取票」，再憑票請求網路業者提供使用者個資及IP資料。

不表示自己應該與「屍體郵差」畫上等號。只要進行縝密的精神鑑定，一定能夠在那個男人的潛意識中找出可怕的殺人衝動。

寶來搖了搖頭，甩開心中的雜念。自己到底在害怕什麼？「屍體郵差」已經是距今三十多年前的案子。一個擁有高社會地位及收入的人，就算往昔曾經殺過人，也不可能再回去當殺人魔。最好的證明，就是這幾天自己與御子柴單獨相處，從不曾感覺到生命遭受威脅。

寶來吁了口氣，再度低頭望向假處分命令聲請書。

一個星期之後，御子柴的事務所收到了裁定「發信者資料開示假處分命令」的告知文書。

「現在我們能夠知道那個部落客是與哪一家網路服務業者簽約了。」

寶來看著信中的文書，忍不住開口說道。此時御子柴也在事務所內，寶來為了化解尷尬的氣氛，說明起了假處分命令聲請的程序。

「寶來律師做事真有效率，令人佩服。」

御子柴的口吻完全讓人感覺不到佩服之意。客套話說得如此有口無心，聽起來反而像是譏諷之語。寶來雖然明白御子柴的為人就是這樣，卻也不禁後悔剛剛不應該多嘴說明那些有的沒的。

「鎖定了網路服務業者之後，就可以查出部落客的姓名及住址。但是接下來呢？寶來律師，接下來你有什麼打算？」

「還能有什麼打算？當然是提出告訴。那個部落格的內容是百分之百的誹謗，十之八九能告贏。」

「嗯，應該是能贏吧。但是贏了之後呢？」

「當然是求償。」

「要是那個部落客沒有工作也沒有收入，要怎麼求償？就算贏得了求償的權利，但對方沒有任何資產，也只是緣木求魚。」

御子柴臉上的表情，彷彿對金錢絲毫不感興趣。寶來心想，這傢伙真會裝蒜。比自己更愛錢的律師，大概就只有眼前這個人而已。

「至少可以讓這傢伙明白天高地厚。遭到求償之後，他就會知道自己的行為有多麼愚蠢。」

「讓愚蠢之輩明白自己的愚蠢，對我們有什麼好處？」

御子柴的臉上絲毫不帶笑容。

「這個人不允許曾經犯罪的少年成為律師，無法忍受『屍體郵差』擁有正當的工作，他將那膚淺的正義感付諸行動，結果是必須付出慘痛的代價。我相信那滑稽的景象一定很有看頭，但這並不能增加我的收入。」

「你的眼裡難道只有錢而已？你不想挽回自己的名聲，讓誹謗你的人得到教訓？」

「我可是曾經殺過人，還需要挽回什麼名譽？」

御子柴說得輕描淡寫，彷彿只是在描述一件輕微的交通違規事件。對這個男人來說，殺人不過就是這種程度的事情？

「這不可能是你的真正想法，你為什麼要說謊？」

「我身為律師，從不說賺不了錢的謊。何況他人的惡意，對我來說不痛不癢。別人的埋怨與咒罵，在我的耳裡就像是搖籃曲。」

寶來登時腦袋一團混亂。揪出部落客的目的，最主要是想讓懲戒請求案的發展對己方有利。但是另一方面，也想要將那個以英雄自居卻只會煽動愚民的傢伙好好奚落一番。御子柴是遭到誹謗中傷的受害者，照理來說他應該也會有相同的想法才對。

然而從御子柴的口氣聽來，他似乎對別人的謾罵與攻訐絲毫不以為意。就算他是個眼裡只有錢的守財奴，這樣的心態未免太極端了一點。這個男人過去曾經是全民公敵，遭人在背後指指點點的次數可不是只有一兩次而已。照常理來想，他對謾罵者的憎恨應該會比其他人強烈得多才對。

「既然你完全不在意，為什麼願意支付特別報酬，讓我查出部落客的身分？如果你對求償沒興趣，也不打算奚落對方，你付這筆錢不是沒有任何意義嗎？」

「我並沒有無聊到付一百萬圓讓你做無意義的事情。畢竟你可是全日本時薪最高的律師，要委託你進行調查，當然得支付相對的報酬。」

「你的目的到底是什麼？」

「這你沒有必要知道。」

御子柴面無表情地說道。從他臉上看不出任何感情，整個人透著一股詭異的氛圍。

那些檢察官在法庭上與這個男人對決時，想必吃了不少苦頭吧。寶來的心中突然冒出了這樣的念頭。過去寶來只把御子柴視為和自己一樣的律師，因此不曾細想過這個問題。如今仔細想來，天底下恐怕很難找到像御子柴這麼難對付的敵人。御子柴所說的每一句話，彷彿都在刻意挑釁及激怒對手。不知道這是與生俱來的人格特質，還是經過深思熟慮的話術。而且御子柴絕對不會讓他人看穿自己心中的真正想法。任何人越是與御子柴交談，越容易陷入不利的泥沼之中。

「就算你是調查工作的委託人，也不能擺出這種蠻橫的態度。委託的目的會影響調查的方法及期限，你必須先知會我才行。」

「只不過是找出網路文章發表者的姓名及地址，這麼單純的委託內容，有什麼理由受委託的目的所影響？」

御子柴似乎是為了迴避寶來的進一步追問，揮了揮手掌，接著說道：

「你知道嗎？飛彈之類的軍事武器，是將每個零件交由不同的工廠進行製造。在工廠裡工作的員工，不會知道自己正在製造什麼東西，也無法想像產品製造出來之後的全貌。即便如此，每個零件還是可以製作得極為精密。」

「你的意思是說，我只是基層的小小員工？」

「我不是那個意思，我只是想要強調就算不知道事情的全貌，還是可以完成精細的工作。」

御子柴說得舌粲蓮花，臉上絲毫不帶歉意。他將各種文件資料塞進包袱巾※裡，似乎準備外出。

「聽你這麼說，我更想要讓你知道我的厲害。」

※包袱巾：日本的律師及檢察官在傳統上有使用包袱巾攜帶文件資料的習慣。

寶來只能勉強說出這句逞強之語。能發揮多少效果，就不得而知了。

「等到查出那個部落客的身分，他看見你突然出現在面前，一定會嚇得魂飛魄散吧。」

「那也不見得。」御子柴說道。

「敵人突然出現在自己的面前，任何人都會感到驚訝。」

「如果雙方從來沒見過面，或許你說得沒錯。但我猜想，這個『國家正義』恐怕是我認識的人。」

# 第四章

## 復仇者的交錯

1

「明天終於要開庭了。」

洋子雖然裝出平靜的表情，還是難掩心中的緊張。微顫的說話尾音，以及不斷飄移的視線，都說明洋子正在擔心著明天的第一次開庭。

「我想妳應該很清楚，被告在第一次開庭時不會有發言的機會，妳只要站著就行了。」

「沒錯，只要站著就行了……對不起，我明明在法律事務所工作，但是當事情發生在自己身上，我竟然腦袋一片空白。」

「妳的腦袋一片空白，是因為妳這陣子住在裡頭的關係嗎？如果妳覺得人權受到侵害，就把刑務官對妳說的話、做的事，以及刑務官的名字記下來。等到訴訟結束之後，可以向對方提告。」

「難怪警界人士這麼討厭您。」

「被警察或檢察官喜歡的律師，不會是好律師。」

「以這個邏輯來看，御子柴律師絕對是天底下最好的律師。」

「妳還有心情講這種調侃人的話，看來是不需要擔心了。」

「咦？您在為我擔心？」

「就算辯護人築起了完美的銅牆鐵壁，還是會有委託人自己敲破牆壁，跑到敵陣裡送死。妳要是做出這種事，我也救不了妳。」

御子柴無奈地說道。過去曾經有一個人完全不遵從律師的指示，還在法庭上懇求法官加重刑罰。那個人正是御子柴的昔日恩師。

「我過去遇到不少我行我素的委託人，我可不希望連妳也違背我的指示。」

「我當然會遵守您的指示。因為我知道唯有這麼做，才能讓自己獲得無罪判決。但我正在擔心另一件事。」

「什麼事？」

「對懲戒請求者求償的手續，不知進行得怎麼樣了？」

比起自己的審判，洋子似乎更擔心沒做完的工作。

「妳不用擔心這個，寶來律師現在每天從早到晚都在製作聲請書。他做得相當順手，就像這是他的天職。像這種事務型的優秀人才，當律師實在是太可惜了。」

「他能做得既正確又快速嗎？」

洋子的眼神帶著三分挑釁的意味。她似乎將寶來視為勁敵。

「在速度上，我有自信不輸給別人。」

「妳的速度比他快得多。」

「累計已經處理幾件了？」

「我交給他全權負責，並不清楚現在的進度。」

「請快點把我救出去。件數這麼多，我可不想交給一個動作比我慢的人。」

「他的動作雖然慢了一點，但提出了一個很有意義的提議。他要查出『國家正義』的真實身分。」

「這種事情有可能做得到？」

「可以是可以，只是相當麻煩。寶來律師似乎是個相當守規矩的人，完全照著規定提出申請。只要那個部落客沒有在這段期間抽身逃走，半年之後大概可以查出他的姓名及地址吧。」

「……您怎麼說得好像事不關己？」

事實上御子柴根本不打算等上半年。像寶來那樣的人，要雇用他半年以上，簡直是在說笑。御子柴的心中其實另有盤算。

「您把懲戒請求案交給寶來律師全權處理，這意思是您把所有的時間花在為我辯護上？」

「以委託人為優先，是理所當然的事情。除了準備文件資料之外，還花了一些時間外出查訪。」

洋子聽到「外出查訪」四字，表情登時變得僵硬。她很清楚御子柴的辯護方針及手法，自己的人生經歷必定也被摸得一清二楚了。

「最遠到了哪裡？」

「福岡。」

「福岡的哪裡？」

「妳問這個做什麼？」

「我是委託人，我有問的權利。」
「妳在官方資料上可以追溯得到的最早居住地。」
福岡市南區大橋相生町。從前「屍體郵差」的殺人之地。但御子柴故意沒有提及這一點。
洋子一聽，表情更是凝重。
「有必要像這樣挖掘我的底細嗎？」
「要知道陷害妳的人為什麼恨妳，以及從什麼時期開始恨妳，就必須將妳的過去調查清楚。」
「我父母的事，你應該也查得一清二楚了吧？」
「調查從前的居住地，自然會查出一些往事，但我對妳的父母一點興趣也沒有。」
洋子目不轉睛地瞪著御子柴。在事務所裡的時候，她從來不曾露出這樣的眼神。但那眼神並不像是看著過去令全日本人陷入恐懼的凶惡少年。那眼神中並不帶驚懼或輕蔑，有的只是三分的羞慚與七分的埋怨。
倘若洋子是佐原綠的好朋友，照理來說應該會深恨御子柴才對。為什麼她會刻意進入仇人所經營的法律事務所？她到底是從什麼時間點得知御子柴就是「屍體郵差」？
御子柴心中對洋子的疑問，可說是多得數不清。但這些問題都與洋子的殺人嫌疑無關。既然無關，此時質問只是浪費時間。
因為洋子太過憎恨御子柴，所以她故意待在御子柴的身邊，等著看御子柴再度成為眾矢之的？不，不對。公開自己的過去，是御子柴自身的決定，而且御子柴並不感到後悔，這與洋子無關。

難道洋子故意進入事務所，是想要從內部妨礙御子柴的工作？這聽起來是相當惡毒的做法，但應該也不是事實。洋子在工作上表現得相當優秀，她為事務所帶來的只有好處，沒有壞處。

御子柴想來想去，實在想不出合理的答案。但這些都與本次的辯護案無關，因此御子柴並不打算追究。

「我在進入事務所之前，就已經知道您從前的名字了。」

「我想也是。當初我在法庭上說出自己的過去時，妳看起來並不驚訝。」

「您想知道我是什麼時候得知真相的嗎？」

「不想。」

「您是否認為我應該會一直憎恨著您？」

不久前寶來也問了類似的問題。御子柴不禁暗想，這些人都太小看自己了。要是對自己來說，遭到憎恨是一件這麼痛苦的事情，自己打從一開始就不會成為律師。

「對我抱持什麼樣的感覺，是妳的自由。拿我多少錢，就幫我做多少事。只要妳能做到這一點，其他的事情我一概不管。」

「您不認為共事的人憎恨著自己，是一件很可怕的事？」

「我相信妳不會突然在背後捅我一刀。妳好像說過，如果真的要殺人，妳會選擇下毒。」

「您連這種事也問出來了？」

「這些年來，我幾乎天天喝妳泡的茶或咖啡，到現在也還沒死，所以我找不到害怕妳的理由。」

「……您的想法真是堅定，沒有一絲迷惘。」

「妳每天都在我的事務所裡，我認識妳可不是一兩天的事。」

御子柴將臉緩緩湊了過去。接下來輪到自己發問了。

「雖然妳的事務處理能力相當優秀，但是記憶力呢？妳的記憶力是否也一樣優秀？」

「到目前為止，我處理事務從來不曾發生重大疏漏。」

「我指的不是數星期或數個月的記憶，而是三十多年前的記憶。妳是否能夠清晰地回想起讀幼稚園時的記憶？」

「三十多年前……您指的是發生阿綠事件的那個時期？」

「妳跟佐原綠只差一歲，聽說妳們是好朋友。」

「孩童其實相當殘酷。」

洋子露出自嘲的微笑。

「單親家庭的孩子，往往會遭到欺負。那些欺負人的孩子，也不是真的抱有惡意，只是會忍不住想要排擠處境跟自己不一樣的孩子。」

這一點，御子柴亦感同身受。就算處境相仿，有些人還是會故意找出對方和自己的差異，藉此將對方當做批判及譴責的對象。

「妳還記得佐原綠的事嗎？」

「她是少數會站在我這一邊的好朋友。」

「除了她之外呢？」

「除了她之外？」

洋子聽見御子柴這麼問，一時愣住了。

「除了佐原綠之外，沒有朋友會站在妳這一邊？」

「應該沒有了吧……」

洋子說出這句話之後，忽然陷入沉思。

「怎麼了？」

「抱歉，或許有也不一定。但是除了阿綠之外，我想不起其他人了。我只記得當時住家附近沒有和我同年齡的孩子，和我一起玩的孩子，年紀都比我大。」

「妳記不清楚了？」

「畢竟我搬了很多次家，在每個地方待的時間都不長。」

對於洋子的遷居經歷，御子柴也早已查得一清二楚，此時只是微微頷首。

「長相和名字都忘了？」

「自從我懂事之後，我搬了太多次家，所以懂事之前的記憶已經模糊了。而且就算交到了朋友，不久之後我就搬家了，友情沒有辦法維持。」

「既然是這樣，為什麼妳能夠把佐原綠的事情記得這麼清楚？」

「因為發生了重大事件……」

洋子說到一半，就沒有再說下去。因為眼前的人就是重大事件的始作俑者。每天玩在一起的朋友突然遭到殺害，屍體還被分解，這種事情確實很有可能一輩子留在記憶之中，甚至可能造成心靈的創傷。

「其他的好朋友，妳都不記得了？」

「我記得的大多是遭到排擠的記憶。不管是幼稚園還是國小，班上都會有專門喜歡欺負弱勢者的孩子。」

「妳只是遭到欺負？沒有遭到憎恨？」

「我不知道這兩者的差別。」

「欺負只是一種遊戲，憎恨卻是相當認真的態度，兩者投注的精力完全不同。」

「原來如此，我好像可以體會。那些欺負我的孩子，臉上的笑容都有些心不在焉。」

洋子再度發出自嘲的微笑。

那是御子柴不願意看見的表情。

「老闆，比起您問的這些，更重要的是您是否找到了殺死知原的真凶？」

「這個妳不用在意。」

洋子瞪眼說道：

「我當然會在意，被冤枉的人是我。您剛剛不是才問我，知不知道有誰憎恨著我？」

「證明妳無罪，跟找出真凶並沒有直接的關係。我的工作只是證明妳無罪，並沒有必要讓整個案情水落石出。尋找真凶是警察和檢察官的工作。」

「我不明白您的意思。找出真凶，不就可以洗刷我的嫌疑？」

「以結果來看是這樣沒錯，但我並不打算做超出自己責任的工作。」

洋子目不轉睛地凝視著御子柴，半晌之後輕輕嘆了口氣。

「您的想法果然非常堅定。」

「妳為我工作，總好過為三心二意的律師工作。」

「偶爾三心二意，比較像個活人。」

「那不是律師必須具備的條件。」

御子柴結束了與洋子的談話，走向停車場，發現自己的賓士車前站著一個男人。那男人身材矮小，對著御子柴的車子上下打量，一副猥瑣模樣。

「請問你是御子柴律師嗎？」

男人一看見御子柴，立刻奔了過來，雖然滿臉堆笑，眼神卻不帶絲毫笑意。這樣的眼神，御子柴已不知看過多少次。基本上不是騙子，就是狗仔。

「你好，敝姓尾上，任職於《埼玉日報》社會部。」

哼，看來是後者。

「地方報社的記者，找我有什麼事？」

「我們雖然只是地方報社，對這次日下部的案子還是相當感興趣。畢竟她可是御子柴法律事務所的事務員。」

尾上舔了舔嘴唇，將臉湊了過來。御子柴退了一步，不想聞到對方的口臭。

「這只是一起平凡且單純的案子，一個無辜的女人背負了殺人的罪嫌。」

「如果日下部只是隨處可見的上班族，或許你說得沒錯。但是我跟公眾可不認為這是一起平凡的案子。」

御子柴不禁轉頭凝視尾上。

公眾？這年頭還有記者把這種字眼掛在嘴邊？

「我對這起案子感興趣的理由有兩點。」

尾上露出一副得意洋洋的表情。這種人雖然滿口謊言且缺德市儈，但御子柴並不討厭這種卑劣小人。

「說來聽聽。」

「第一點，經營律師事務所的老闆，直接承接了事務員的辯護工作。通常這種情況，為了避免引來公私不分的爭議，應該會委託其他事務所的律師幫忙辯護。」

「好，第二點呢？」

「最重要的一點，這名女嫌犯是『屍體郵差』的屬下，這個案子當然會引起我們的興趣。長得漂不漂亮？有沒有前科？哪裡人？父母是做什麼的？跟雇主御子柴律師真的只是單純的雇用關係嗎？還是有其他不為人知的關係？」

尾上滔滔不絕地說著。剛開始的時候，御子柴以為他只是在說一些口無遮攔的玩笑話。聽了半晌之後，才發現他的態度相當認真。這個姓尾上的記者，竟然可以當著本人的面，羅織出一些子虛烏有的醜聞，令御子柴對這個人更加產生了興趣。

「你是當真的嗎？」

「那當然，炒作公眾感興趣的話題，是我們大眾媒體的生財工具。」

「但有許多大眾媒體標榜的是新聞正義。」

「正義？」

尾上重複說了一遍，彷彿那是世界上最滑稽的聲音。

「有些媒體界人士確實是打著這樣的招牌。他們批判社會體制，對失言的政治家落井下石，蒐集演藝人員的風流韻事，針對兒童發生的意外事故大肆批評學校相關人士，這就是他們口中所說的正義，說穿了只是要提升報紙銷量及新聞收視率。」

「看來你似乎不喜歡當偽君子。」

「既然要採訪御子柴律師這樣的人，當然就要打開天窗說亮話。畢竟你可是敢在法庭上公然提及自己過去惡行的人。若要比真小人，我跟你相比可說是小巫見大巫了。」

尾上這番說詞不無道理，因此御子柴沉默不語。事實上御子柴不說話還有另一個理由，那就是當遇上這種人的時候，與其對他們說些有的沒的，不如靜靜聽他們高談闊論更加有趣得多。這些人乍看之下似乎憤世嫉俗，喜歡以嚴厲的態度批判自己所存在的世界，但到頭來他們真正的目的只是想要為自己脫罪。如果尾上真的討厭新聞界的偽善及虛假，他根本不會甘願當一個新聞記者。不過比起那些口口聲聲說要揭發社會弊端的正義之士，尾上這種人至少不讓人那麼討厭。

「《埼玉日報》的老闆要是聽見你這句話，不知作何感想。」

「報社所稱的正義，充其量不過是編輯方針的代名詞。只要老闆換人，編輯方針和報社立場都會跟著換。這種換了老大就會跟著改變的正義，真的有資格稱為正義嗎？好了，御子柴律師，請你回答我剛剛的問題。」

「什麼問題？」

「請不要裝蒜，當然是日下部洋子的身分背景，以及與你的真正關係。」

「相信你應該很清楚，這些都是不登大雅之堂的問題。」

「這我當然知道。」尾上臉不紅氣不喘地說道：

「在御子柴律師的面前，假惺惺是沒有意義的行為。」

「真是坦蕩蕩的態度，其他媒體工作者應該向你看齊。」

既然對方如此坦率，御子柴也決定要跟他把話攤開來說。眼前這個男人讓御子柴難得產生了想要說些閒話的念頭。

「你說你姓尾上？我可以反問你幾個問題嗎？」

「我的工作是問問題，不是回答問題……不過，好吧。只要不違反保密義務，我會盡可能回答你。」

「除了你們《埼玉日報》之外，還有哪一家報社知道日下部洋子是御子柴法律事務所的事務員？」

案子剛曝光時，連律師公會的人也大多不知道洋子的底細。明天就要開庭了，御子柴到目前為止也只遇到尾上這個記者。

「至少到昨天為止，除了我之外沒有人掌握這個消息。」

尾上的口氣相當平淡，似乎並不特別感到驕傲。

「看來你是個相當優秀的報社記者。」

「圈內人及警察都叫我『老鼠』。意思就是能夠到處鑽縫隙，把獵物咬回來。」

「這次又是你的獨家消息？」

「我剛剛說過，直到昨天為止。」

意思是今、明兩天應該會有其他新聞媒體察覺？

「消息是哪裡來的？」

「你認為記者會把這種事告訴你嗎？」

「報社記者的人脈裡頭，對我抱有敵意的多半是警界人士。大概是某個負責這起案子的刑警，把她的上班地點告訴了你吧。被告的上班地點，也不是什麼不能說的重大機密。」

御子柴仔細觀察著尾上的一舉一動。只見他的視線微微飄移，顯然被自己說中了。

「至於洩漏消息的人，我猜大概是警視廳的巡查部長桶屋吧。故意把事情鬧大，妨礙律師的辯護工作，對他來說只是家常便飯。」

「我不否認。」

不否認就是承認了。

「他先把消息洩漏給你，不久之後就會洩漏給其他媒體記者，要不然就是你自己會宣揚出去。總而言之到了明天，為『屍體郵差』工作的事務員疑似殺人的第一次開庭，將會吸引大量的媒體記者及看熱鬧的群眾到場。」

「光是看別人的表情，就能生出這麼多幻想，實在了不起。」

「如果這些都不是事實，那你就笑吧。不過我猜你笑不出來，因為到時候聚集在法院前的媒體記者裡頭，也會包含你自己。」

「堂堂的御子柴律師，難道也會怕媒體記者的砲火攻擊？」

御子柴早已習慣了他人的惡意及誹謗中傷。但是洋子就不同了。一旦洋子承受來自四面八方的批評聲浪與惡毒的視線，很可能會喪失理性。疑神疑鬼、沒有辦法保持冷靜的被告，在法庭上可說是比檢察官更加危險。

「御子柴律師，你的問題問完了？」

「問完了。」

「那麼請你回答我剛剛的問題。」

「恕難奉告。」

「咦？你不否認你們的關係？」

「故意說一些激怒對方的話，引誘對方失言，再把對方說的話寫成報導……像你這種舊時代的記者，最擅長這樣的手法，可惜這對我不管用。」

「何以見得不管用？」

因為自己缺乏一般人該有的情感。御子柴心裡如此想著，但是當然不會對一個素昧平生的人說出口。

「稍微配合一下採訪，對你來說應該沒有損失。」

御子柴打開了賓士車的車門，尾上依然不肯放棄，在旁邊繼續說道：

「多一個朋友，尤其是媒體業界的朋友，對你絕對是有利無害。」

「我本來以為你跟其他記者不太一樣，但看來我太高估你了。」

御子柴已經厭倦繼續與尾上閒扯淡。

「你或許以為你所寫的文章能夠撼動讀者的心，甚至是改變這個社會及整個世界。但是套用一句你剛剛用的字眼，那只是媒體工作者所特有的幻想而已。你就算再怎麼寫得天花亂墜，煽動群眾的力量也比不上一個來歷不明的部落客。受『國家正義』慫恿而寄出懲戒請求書的民眾，人數超過八百三十人。你所寫的文章，有辦法影響這麼多人嗎？」

這意料之外的問題，讓原本老神在在的尾上一時啞口無言，說不出話來。他大概作夢也沒想到，自己會被拿來與那些網路上的亂源相提並論。

「不管是自命清高的社論，還是自詡為仗義直言的具名報導文章，說穿了都只是用來自我陶醉而已。

你們凝聚整個組織的力量，想要在世人的面前展現大眾媒體的實力，但在大部分世人的眼裡卻是不足一哂。如今的新聞媒體，早已喪失了昔日的權威。你們只能沉浸在昔日的榮耀之中，苟延殘喘地活下去。如此懦弱無能的朋友不要也罷，只會在我的辯護工作上扯我的後腿而已。」

「你這幾句話說得可真毒。」

尾上一時聽得瞠目結舌，半晌後才哀怨地說道：

「過去每個採訪的對象都會把我臭罵一頓，但你的惡毒程度，絕對是第一流的。」

「過去你聽到的那些辱罵，其實就跟社交辭令沒有兩樣。」

御子柴坐進了駕駛座。踩下油門的同時，心中低喃著。

如果你也曾經將五歲女童殺死後肢解，你就會切身體悟到偽善者的惡意有多麼毒辣。

## 2

隔天上午十一點。御子柴經過包含了東京地方法院的共同廳舍，只見日比谷公園內祝田門附近擠滿了等候領取旁聽券號碼牌的人潮。洋子的案子要到下午兩點才開庭，但據說有人早在五個小時之前就已經來排隊了。其中當然也包含各大媒體派來代排的工讀生。

每個排在隊伍裡的人，表情看起來都有三分齷齪。這些人名義上是來旁聽審判，但是說穿了只是來看秀而已。那些與他們無關的不幸與悲劇，在他們的眼裡就像是一齣齣的秀場表演。這些話聽在法官們的耳裡，或許會認為這是在侮辱法庭，但如果法官們不相信，大可以來看一眼這些排隊者的嘴臉。不論男女老少，眼中都閃爍著好奇心的光芒。

御子柴在開庭的三個小時前來到法院，主要的目的是為了會見洋子。

首先御子柴前往了書記官室，確認洋子已進入法院之後，才提出會見被告的要求。

「請填寫申請書。」

御子柴填妥了書記官遞來的會見申請書，書記官便將御子柴帶往會見室。

走在前面的書記官，完全沒有對御子柴多說一句閒話。這個人既然在法院工作，應該很清楚御子柴的背景及這起案子的內容。沒有開口詢問，可說是最低限度的職業道德。

洋子早已在會見室裡頭了。等書記官離去後，她搶先一步開口問道：

「現在是要討論開庭時的應對策略嗎？」

「沒錯。」

「但您不是說過，被告在第一次開庭時不會有發言的機會嗎？既然如此，還需要討論什麼？」

「妳雖然長年在我的事務所裡處理事務工作，但還沒有實際上過法庭吧？」

「沒有那樣的機會。我想大部分的人都沒有。」

「我只能說，妳挑選了一個很糟糕的職場。」

依照御子柴的性格，以這樣的方式表達歉意已算是相當罕見。

「雇主的問題，往往會連累員工。」

「什麼意思？」

「妳沒有做錯任何事，但因為我過去有太多不良的紀錄，導致大家也會帶著有色眼鏡看妳。我剛剛通過祝田門邊時，發現那裡已經聚集了一大群等著領旁聽券號碼牌的好事分子。」

「我這個案子在社會上受到關注？」

「豈止是關注而已，每個人都在等著看好戲。他們想看看一個有污點的律師跟他的事務員，會在法庭上做出什麼樣的垂死掙扎。」

「這一點，我也感覺得出來。」

洋子露出有氣無力的微笑。這些日子遭到拘禁，似乎已對她造成頗大的精神打擊，她的臉上已失去了原本的爽朗，皮膚也喪失了光澤。

「桶屋及檢察官向我問話時，我感覺到他們只當我是一個三十多歲還結不了婚的老女人。在他們的心裡，這個案子就只是一個老女人好不容易遇上了一個乘龍快婿，卻發現對方相當花心，所以一時氣憤將對方給殺了……」

「而且妳是我的事務員。對他們來說，我們是半斤八兩的雇主與員工，一個曾經是更生少年的律師，配上一個狠毒善妒的事務員。」

「明明是我們自己的事，我們卻說得好像事不關己，想起來實在有點好笑。但現在恐怕不是笑的時候……」

「進行人別訊問的時候，妳會站在被告席上。屆時妳可能會感覺到來自檢察官及旁聽席的無言壓力。」

洋子將頭微微歪向一邊，似乎有些摸不著頭緒。

「坐在旁聽席上的人，可不是單純只是來觀摩學習而已。他們就像是這世間的好奇心與惡意的代表者。日本的審判在名義上採公開形式，所以設置了旁聽席，但這並不代表審判的過程必須徵詢廣大民眾的意見。那些站在神的觀點將旁聽紀錄寫在部落格裡的傢伙，以及那些誤以為自己也是法律界一分子的傢伙，還有其他形形色色的旁聽者，基本上都不是什麼善類。所以他們看著妳的視線，必定夾帶著訕笑與欺凌的心態。」

這番言論要是被旁聽人聽見，肯定會引來抗議吧。然而對於浸淫法界多年的御子柴而言，這卻是最真實的感想。而且這次必須站上被告席的人是洋子，帶有偏見的警戒總好過太鬆懈。

「總而言之，不要在意來自檢察官、法官或旁聽人的視線，把他們都當成田裡的南瓜吧。」

「把觀眾當成南瓜？我感覺自己成了第一次登上舞臺的女演員。」

「不喜歡南瓜，也可以選擇紅蘿蔔或哈密瓜。」

洋子一聽，微微揚起了嘴角。

「或許我能夠忍受也不一定。不管是冷眼相看，還是惡言相向，我小時候都已經習慣了。」

「這次妳將是以被告的身分遭受批判，這跟妳小時候因為家庭環境而受到取笑不可同日而語。」

「對於想要丟石頭的人來說，丟石頭的理由並不那麼重要。您既然查過我的底細，應該知道我是個沒有戶籍的人。」

「我知道。」

「有些人或許認為戶籍不過是一種登錄制度，說穿了就只是一張紙而已。抱有這種想法的人，絕對無法理解我的心情。沒有戶籍就像是宣告我不是這個國家的國民。」

「妳雖然沒有戶籍，但妳的居民登錄沒有任何問題。妳可以接受各種行政服務，生活應該沒有受到影響才對。」

「這是兩碼子事。能夠接受和他人相同的行政服務，並不代表擁有存在的證據。因為我沒有最重要的戶籍，所以我不管申請任何證明文件，手續都比別人繁瑣。每當有人談到外國人的雙重國籍問題，我都感覺好像自己也遭到責備一樣。連出了社會也有這種感覺，更遑論小時候。在找到工作之前，沒有戶籍的事實就像幽靈一樣一直糾纏著我。每個知道我沒有戶籍的人，都會以異樣的眼光看我。甚至有人對我說，沒有國籍的人不能算是日本國民。所以如今不管我在法庭上受到什麼樣的看待，我都不覺得有什麼大不了。」

「聽到妳這麼說，我就放心了。」

御子柴只是不希望洋子在開庭時失去冷靜，並不想繼續聽她訴說自己的遭遇。

「另外還有一點，如果妳發現旁聽席內有妳認識的人，結束之後務必告訴我。」

「為什麼？」

「殺害知原的真凶，有可能就躲在旁聽席內。」

下午一點五十七分，御子柴進入八二八號法庭。

檢察官已先到了法庭內。負責本案的檢察官是古瀨次郎。過去御子柴曾跟他在法庭上交鋒數次。此時他身上穿著特別訂製的西裝外套，以及熨燙得絲毫沒有皺紋的長褲。冷酷的眼神及偏薄的嘴唇，讓人感覺不出一絲一毫的暖意。古瀨是一個相當老經驗的公訴檢察官，對御子柴的法庭策略也相當熟悉。御子柴進入庭內時，古瀨只是瞥了一眼，便將頭轉向一邊。

御子柴才一入庭，旁聽席上登時傳來交頭接耳的聲音。

「就是他。」

「『屍體郵差』。」

「現在能拍照嗎？」

那些人擔心遭到法警斥責，只能壓低了嗓音說話，卻還是清晰地傳入御子柴的耳中。御子柴不禁心想，他們就算拍了照片，這些照片又能拿來做什麼？難道要放在ＩＧ上，吸引眾人的目光？觀看者在看見照片的同時，也會想像拍照者在拍照時的心態。當他們拍下年少時有過污點的律師佇立在法庭上的畫面，他們心中那膚淺的正義感與欺凌的心態也會跟著出現在照片上，但他們似乎對這一點渾然不覺。

旁聽人的視線，纏繞在御子柴的每一寸肌膚上。那是御子柴早已習慣的感覺，雖然有些不舒服，但完全可以不放在心上。

洋子也聲稱她跟御子柴一樣，習慣了他人的鄙視眼神。御子柴是最近才得知洋子的人生經歷，不可能對其過去的遭遇有真正切身的感受。但御子柴知道洋子從來不是個喜歡說大話或虛張聲勢的女人，既然她說可以忍受，也就只能相信她了。

過了一會，洋子在法警的帶領下進入庭內。一眾旁聽人的視線更是如膠似漆地黏在她的身上。洋子或許是感受到了那宛如正在侵犯著她的大量視線，從頭到尾一直皺著眉頭。那手上戴著手銬的模樣，看起來相當不自然。御子柴不禁感慨，原來世人還分成兩種，一種適合戴手銬，另一種則與手銬格格不入。

「法院提醒各位庭內人士，為了避免對審案過程造成妨礙，審案期間嚴禁使用手機，此外亦禁止攝影及錄音。」

在書記官的提醒下，數名旁聽人匆匆關閉了手機電源。現階段日本的法院尚未嚴格禁止旁聽人將手機攜入法庭內，或許有些人會偷偷將口袋裡的手機開啟錄音模式。未來如果發生法庭內的聲音外洩出去的情況，法院想必會開始採取嚴格的措施。

又過了一會，三名法官及六名裁判員進入庭內，所有人同時起立。

坐在法官席中央的是審判長業平。右陪審法官是坂本判事，左陪審法官是綾川判事。裁判員為三男三女，女性的比例較一般狀況高了些，當然這並非法院的刻意安排。女性裁判員的比例偏高，不曉得對洋子是福是禍。

「現在開庭，審理平成二十八年（WA）第二五二三號案件。被告請上前。」

「是。」洋子應了一聲，邁步上前。

「現在進行人別訊問，被告請說出姓名、出生年月日、戶籍地址、居住地址及職業。」

「我叫日下部洋子，生日是昭和五十六年（一九八一年）五月二十三日。居住地址是東京都墨田區押上四丁目一—三。任職於東京都內的御子柴法律事務所。」

旁聽席上登時響起了一陣陣驚嘆聲。其實洋子大可用「律師事務所」一語帶過，但她刻意說出了御子柴的名字，或許也算是一種小小的抵抗吧。

雖然是多此一舉，但考量洋子的性格，這還在御子柴的預期範圍之內。沒想到此時審判長業平卻以另一件事提出了質疑。

「被告，妳剛剛忘了說戶籍地址。請說出妳的戶籍地址。」

「……我沒有戶籍地址。」

「沒有戶籍地址的意思是……？」

「就是字面上的意思。基於家庭因素，我沒有戶籍。」

業平也是法界人士，洋子沒有多做說明，他已瞭然於胸，並沒有追問。

「檢察官，請宣讀起訴概要。」

「被告與被害人知原徹矢為交往關係，今年六月一日晚上九點至十一點，被告得知被害人另與其他多名女性往來，因而心懷怨恨。被告在住處附近的東京地下鐵押上車站A2出口，以事先準備的尖刀刺中被害人的腹部，並在被害人死亡後將遺體藏於樹叢內逃走。罪名為殺人罪，刑法第一九九條。」

「辯護人。」

業平將視線移至御子柴臉上。業平這個法官的最大特徵，就在於從表情很難看出他的心思。即使面對御子柴種種譁眾取寵的誇張言行，他還是能從頭到尾保持著平常心，甚至連眉毛也沒有動一下。

「對於檢察官的起訴概要，有沒有疑義？」

「沒有。」

「接下來將確認罪狀。被告，妳在法庭上說的每一句話都將成為證據，但妳有權對不利於己的問題保持緘默，妳明白嗎？」

「我明白。」

「現在我開始發問，請問剛剛檢察官宣讀的起訴內容是否屬實？」

洋子昂起了頭，以堅定的口吻說道：

「那不是事實。」

整個法庭內一時鴉雀無聲。

「我並沒有殺死知原，我是無辜的。」

「辯護人是否陳述意見？」

「辯方主張被告無罪。」

這句話就像是向檢察官宣戰。接下來的審理重點，將會是罪狀的有無。

「檢方起訴被告的依據，在於凶器上有被告的指紋，被告在案發當下沒有不在場證明，以及被告曾遭到被害人背叛。但是被告在遭逮捕之後，接受檢方訊問的過程中，一貫主張無罪。接下來辯方將會針對檢方所提出的證據及主張，一一提出反證。」

「好，被告請回座。」

就算是完全沒有法律知識的人，也能看出辯護方與檢方此時已進入全面對決的狀態。業平在說話的時候，整個法庭已陷入劍拔弩張的氛圍。

「檢察官，請進行開頭陳述。」

「被告日下部洋子從福岡市搬遷至東京，自短期大學畢業後，於東京都荒川區的辦公設備製造廠『岡村OA設備』任職了三年，其後轉職進入現在的職場『御子柴法律事務所』。今年被告在共同友人的介紹下，認識了被害人知原徹矢，兩人多次相約出遊。由於被告的年紀已過適婚年齡，被告非常希望與被害人結婚，其後被告察覺被害人另與其他女性交往，心中極度氣憤，認為自己遭到了背叛。」

這段陳述內容相當偏頗，欠缺正確性。雖然對洋子前歷的描述大致無誤，但是洋子對知原所抱持的感情，以及得知知原用情不專之後極度氣憤云云，都是檢方的任意杜撰，並無實際的根據。為了塑造殺人的動機，檢方勢必得羅織出這樣的情節，但這與洋子的證詞完全不相符。御子柴轉頭望向洋子，只見她一直面無表情，彷彿完全沒有聽見古瀨的陳述內容。

御子柴在心中暗暗讚揚洋子的表現。不管是否認罪狀時的堅毅態度，還是對開頭陳述的無聲抗議，洋子的表現實在是可圈可點。

「六月一日，被告與被害人一同前往位於東京晴空街道的法式餐廳『Le Bonheur Hazama』吃晚餐，其後被告將被害人帶往押上車站，趁著周圍沒有目擊者，以凶器將被害人刺死。以下同起訴狀內容，故予以省略。」

古瀨頓了一下，接著開始說明警方的調查成果。

「被害人的致命傷在側腹部，由於傷口極深，導致被害人失血性休克而死。凶器是一把小刀，刀柄為白色，刃長十二公分，刀刃部分經過加工處理，使其更加鋒利。警方在刀柄上採集到被告的指紋。除了被告的指紋之外，沒有其他任何指紋。作為凶器的小刀為甲三號證，比對小刀上頭指紋與被告指紋的鑑定結果為甲八號證，兩者皆已事先提出。」

古瀨刻意拉高了聲量。凶器上的指紋，是檢警決定逮捕洋子的最重要證物，他當然會想要刻意強調。

「被害人知原徹矢住在六本木的公寓，一直過著單身生活。根據鄰居的證詞，在案發的數天前，被害人還曾經與不同於被告的女性進出公寓。被害人同時與數名女性交往的事實，間接印證了被告的殺人動機。鄰居的證詞，分別列於乙四號證至八號證。」

「辯護人，針對檢方在開頭陳述中提及的甲三號證、甲八號證，以及乙四號證至八號證，你是否同意？」

「辯方不同意甲三號證及甲八號證。」

這話一說出口，法庭內又響起一陣騷動。這也是理所當然的事，畢竟這兩項證物是檢方最有力的物證，御子柴竟然想要將其推翻，當然會引來旁聽人的驚愕。六名裁判員似乎也感到相當意外，直盯著御子柴看。

既然是足以讓警方下令逮捕的最重要物證，當其有效性遭到推翻時，洋子所蒙受的嫌疑也會自然消除。御子柴這次的辯護策略，就是想要從這一點反敗為勝。

「根據檢方所提出的乙十二號證，也就是被告的供述書，被告曾明確表示從來不曾看過凶器。這把小刀有著白色的刀柄，與市面上常見的刀具頗不相同，但是警方的搜查行動並沒有查出被告取得這把凶器的明確來源。而且凶器的刀刃部分為了增加鋒銳度，曾經過加工處理，問題是警方也沒有查出被告是在什麼樣的地方，以什麼樣的方式對刀刃進行加工。甲十四號證是警方搜索被告住處時的扣押物品一覽表，裡頭並不包含菜刀磨刀器之類的工具。警方既然掌握了凶器經過加工這個事實，在搜索住處時，執行人員必定會刻意尋找可以用來磨刀子的器具。但是扣押物品一覽表中並沒有這樣的證物，由此可知被告的房間裡並沒有這種東西。」

古瀨遭御子柴指出搜查行動上的問題點，懊惱地癟起了嘴。

「被告在我經營的法律事務所上班，我在事務所裡也仔細找過了，並沒有發現類似的器具。由此可知，被告購買凶器及加工的事實並不存在，以證據能力而言是完全不足的。」

「審判長。」古瀨立刻反駁說道：

「我們確實沒有在被告的住處發現打磨刀刃的器具，但這很有可能是被告在使用之後將器具丟棄了。」

「若是如此的話，請提出被告取得磨刀器具的紀錄，以及加以丟棄的證據。」
業平還沒有開口說話，御子柴已搶先說道。業平似乎也正有相同的想法，所以沒有制止。
「辯護人。」業平轉頭對御子柴說道：
「但是凶器上頭有被告的指紋，這點你做何解釋？」
「關於這個部分，我會在下次開庭時加以反證。」
「好，請在下次開庭時提出你的論述。辯護人，還有其他要補充的嗎？」
「有，是關於被告當天所穿著的服裝。」
古瀨兩眼一翻，朝御子柴瞪來。果然不出所料，檢方也很清楚這是他們的弱點。
「被告當天身上穿著一件淡紫色的針織外套。檢方所提出的甲二十二號證，也就是東京晴空街道內的監視器畫面，也很清楚地拍到被告身上穿著這件針織外套。被害人的直接死因是失血性休克，既然失血到會休克死亡的程度，當下必定濺出了大量的鮮血，攻擊者的身上理應也會沾上鮮血。但是警方在其扣押的針織外套上頭，沒有發現任何血跡反應。由這一點也可證明被告並非殺害被害人的凶手。」
「審判長。」
「檢察官，請說。」
「被告的衣著上面確實沒有血跡反應。但她只要準備一件相同款式及顏色的針織外套，把沾上血跡的針織外套丟棄就行了。」
「一個會擔心衣物沾上血跡，還特地準備相同款式針織外套的人，會把沾有指紋的凶器丟棄在現場附近？這樣的推論，未免太過矛盾了一點。如果檢察官要如此主張，同樣應該提出第二件針織外套的購買紀錄，以及丟棄針織外套的證據。」

古瀨遭到反駁，一時啞口無言。此時的唇槍舌戰，任誰都看得出來是辯護方占得上風。業平似乎看不下去，開口說道：

「檢察官，請直接進行論告求刑。」

「檢方針對被告求處十五年有期徒刑。」

只殺一個人，求處十五年徒刑，應該是包含將屍體藏在樹叢裡的隱匿罪責。以量刑而言，算是頗為合理，但在御子柴看來，卻突顯了檢方的缺乏自信。

「辯護人有什麼意見要陳述？」

「如同前述，辯方主張被告無罪。」

「你打算現在就對被告進行訊問嗎？」

「不，今天不訊問。」

「好，那麼請在下一次開庭時，準備好甲三號證與甲八號證的反證。下一次的開庭時間，預定在兩個星期之後，閉庭。」

業平這句話一說完，其他兩名法官同時起身。旁聽席上疑似媒體記者的數人匆匆奔出法庭。

洋子再度被戴上手銬，在法警的催促下站了起來。退庭之前，洋子朝御子柴望了一眼。

接下來有好一段時間，御子柴宛如凍結了一般，身體動彈不得。因為洋子的視線中，流露出的是對御子柴的深信不疑。
御子柴對著洋子的背影，不由得在心中發出了怒吼。
為什麼妳要對我寄予全盤的信任？
我可是以最殘酷的手法，殺害了妳從前最好的朋友。妳對我的信賴到底從何而來？
御子柴甩了兩、三次腦袋，轉頭面對正前方，發現古瀨正以憤怒的眼神瞪視著自己。那完全不相信對方的眼神，與洋子的眼神截然相反。諷刺的是御子柴面對古瀨的瞪視，反而感覺到心情平靜。不久前御子柴曾經對寶來說過，他人的埋怨與咒罵在自己的耳裡就像是搖籃曲。事實上來自他人的不信任，對御子柴來說也像是精神安定劑。
「你好像很得意。」
古瀨似乎誤解了御子柴此時的心情，反而出言挑釁。
「才第一次開庭，你就以為贏定了嗎？」
「我沒有這麼認為。」
「扣押物之中確實沒有研磨器具及沾了血的針織外套，但沒有不代表東西不存在。搜查本部的人正在全力搜索，相信最後一定會找出來，只是時間早晚的問題。」
「我很佩服警視廳的搜查能力。」
「只要找出來，你就沒有任何理由可以反駁了。」
「這我明白。」

「你只是在拖延時間？」

「這就交給你自己判斷了。」

「關於知原徹矢，我們也早已查了一清二楚。」

古瀨揚起了嘴角，彷彿要說出一個大祕密。

「他同時和多名女性交往，其實只是要問出女性所任職企業的內部問題。換句話說，在知原的眼裡，這些女性並非戀愛的對象，而是金雞母。」

「噢？」

「只要查出企業內部的問題，就可以建議締結顧問契約，提供解決方案。對企業來說當然是好事一樁，但是遭到利用的女性卻得面臨悲慘的下場。一旦被貼上了洩密者的標籤，運氣好是降職處分，運氣不好就是革職查辦。甚至有女性因為受到的打擊太大而自殺。就這層意義來說，日下部洋子也算是受害人之一。」

古瀨說出這些話，絕對不是因為檢警的立場有了變化。

他十之八九也曾對洋子採取相同的懷柔策略。假裝對被告展現同情，其實是要引誘辯護方鬆懈大意。

「但不管怎麼樣，她不該殺害知原徹矢。她應該邀集所有的受害者，由你統一提出集體訴訟。只要這麼做，就能讓知原受到充分的社會制裁。她實在不應該使用刀子來復仇。」

「謝謝你的同情。」

御子柴輕輕揚起手掌。

「但被告絕對不會坦承犯案，我也不打算將辯護方針改成爭取從寬量刑。」

「凶器上的指紋是鐵證，你絕對沒有辦法推翻。」

御子柴能夠有今天的勝訴率，正是因為多次成功推翻了檢方的鐵證。但是這句話當然沒有必要告訴對方。

「這世界上並不存在所謂的鐵證。」

御子柴拋下這句話後轉身離去。

## 3

隔天早上，御子柴在住處翻開報紙的社會版一看，果然有關於昨天那場審判的報導。

〈十八日，東京地方法院首次開庭審理企業職員在押上車站遭殺害的事件。以殺人罪嫌遭起訴的被告日下部洋子否認犯案，在法庭上與求刑十五年的檢察官正面交鋒。負責為被告進行辯護的律師，是被告所任職的法律事務所的代表律師，御子柴禮司。六月一日，企業職員知原徹矢於東京地下鐵押上車站出口處遭人以尖刀刺中腹部身亡，警方隨後逮捕知原生前的交往對象日下部洋子。〉

御子柴讀完了這篇報導文章，心中不禁有些佩服。雖然不知道這篇文章的撰稿者是司法記者還是社會部記者，但內容寫得簡單扼要，以精簡的詞句點出這起案件的兩大關鍵點，也就是公訴法庭的攻防重點在於是否有罪，以及被告與御子柴有著一定程度的關係。刊登這則報導的是某全國性大報，其他的全國性報紙也刊登了內容大致相同的報導。像這樣的報導，足以吸引所有對御子柴抱持負面觀感的讀者。俗話說壞名聲也是一種名聲，既然是名聲，當然要加以利用。

御子柴在公寓附近的咖啡廳裡吃了簡單的早餐，便啟程前往龜有警署。不管是警視廳還是各轄區警署，沒有人不知道號稱勝訴率超過九成的鐵腕律師御子柴。在正常的情況下，刑警根本不會輕易會見御子柴。但有一種情況，刑警就算再怎麼不願意，還是不能避不見面。那就是御子柴自己成了受害者的情況。

御子柴在龜有警署的櫃檯說明了來意，不一會便看見室田走上前來。

「大律師，今天是吹什麼風來著？」

「沒有吹什麼風，我只是以受害者的身分，前來確認搜查進展。」

「我們只要一抓到歹徒，就會立刻通知你。」

「是嗎？你們這間警署有位刑警曾經告訴我，傷害事件的受害者很可能會變成加害者。像這樣的警署，我不太相信你們會認真搜查。」

室田一愣，說道：

「我當初那麼說，只是開個小玩笑。」

「這就跟性騷擾一樣，只要對方不認為這是玩笑，就構成誹謗。」
「你這是在嚇唬我？」
「實際提告之後，就不是嚇唬了。別忘了我可是訴訟的專家。」
「……我們換個地方說話吧。」
室田將御子柴從櫃檯帶往了一樓的小房間裡。
「我們正在全力調查這起案子。」
室田在沙發上坐了下來，劈頭便這麼說道。刑警向受害者說的話，往往必須經過翻譯才能夠理解。以室田這句話為例，翻譯之後就成了「搜查行動毫無進展」。
「你們在現場找到了目擊者或歹徒的遺留物？」
「都沒有。」
「沒有找到目擊者，也沒有發現遺留物，你們到底查到了什麼？」
「恕我不方便公開搜查進展，就算你是受害者也一樣。」
「是嗎？如果你願意告知搜查進展，或許我也能提供一些協助。」
「歹徒以帽子及口罩遮蔽了面貌，身上穿著寬鬆的休閒服來掩蓋體型，所以除了身高之外沒有任何的線索。這是你當初自己說的話，不是嗎？」
「剛遭到攻擊的時候，確實是如此沒錯。但現在我以自己當作誘餌，吸引歹徒上鉤。」
「什麼意思？」

「我上了今天的早報。」

室田恍然大悟，點頭說道：

「你那位事務員的案子，昨天第一次開庭，對吧？那篇報導我也看了。」

「當初攻擊我的歹徒，要是看見那篇報導，會有什麼反應？」

「『這傢伙真是狗改不了吃屎』？」

「要是歹徒再度攻擊我，別說是目擊者或遺留物，甚至還有可能以現行犯加以逮捕。」

「等……等一下……」

室田急忙伸手制止御子柴再說下去。

「難不成你希望我們派人保護你？」

「我只是誘餌，誘餌沒辦法自己逮捕歹徒。我要是再度遇襲，別說是你們龜有警署會名譽掃地，你身為負責這起案子的刑警，恐怕也得揹上一些責任。」

「你們律師都擅長這種話術嗎？還是你御子柴律師比較特別？」

「我不想聽這些廢話，你只要告訴我，你要擔任我的隨行護衛，還是要以業務繁忙為理由拒絕？」

室田以怨毒的眼神瞪視著御子柴。看他的表情，似乎是正在推敲著御子柴的真正意圖。御子柴心想，自己已經表現得這麼明顯了，只希望他儘快看出來。

「你到底想要我做什麼？隨行護衛什麼的，只是用來威脅我而已，其實你要我做的是另一件事吧？」

「為什麼你會這麼認為呢？」

「跟你交談了幾次，我很清楚你這個人從來不做無意義的事情。歹徒會不會襲擊你，根本說不準，以你的性格，不會把賭注放在這種事情上。」

御子柴暗自鬆了一口氣。幸好這個刑警還算機靈。

「跟隨行護衛比起來，我要你做的事情實在太簡單了。」

御子柴將一張便條紙輕輕推到室田面前。

「這上頭有兩個人的名字，以及這兩個人最近的職業及手機號碼。請你幫我調出這兩個人的戶籍附票及居民票。你們警察只要填一張『搜查關係事項照會書』，應該是可以輕易取得才對。」

「這兩個人是誰？」

「你放心，這兩個人都是傷害案的重要涉案人，而且搞不好就是歹徒本人。」

室田的嘴半開半闔，問道：

「你是怎麼查出來的？」

「我說過，因為工作的關係，我遭人怨恨是常有的事。我知道自己遭人怨恨的理由，當然也猜得出哪些人可能攻擊我。」

「為什麼不早點說？」

「這種事不應該怪我，該怪你們龜有警署沒有本事在第一時間把歹徒找出來。」

「這兩個人之中，有一個是歹徒？」

「只是可能性很高，並非百分之百。」

「這件事你可以幫我保密嗎？」

「居民票絕對不會外流，這點我可以向你保證。只要抓到行凶的歹徒，就是你的功勞。」

「一下子扮黑臉，一下子當白臉，你的談判技巧真的很有一套。」

室田無奈地將便條紙塞進口袋裡。

「我只是針對傷害事件請你提供協助，這可不是背信行為。」

他的口氣像在說服自己。既然必須說服自己，代表他心裡明白這只是自欺欺人的說詞。

「另外還要請你幫忙一件事。」

「還有？」

「你對日下部洋子的案子有興趣嗎？」

「說沒有興趣是騙人的。曾經在你的手下吃過苦頭的刑警，每個都在等著看好戲。」

「第二次開庭，將會進入舉證階段。」

「聽說第一次開庭時，申請旁聽券的人數是總券數的二十倍。到了正式進入法庭攻防的第二次開庭，旁聽券的取得必定更加困難吧。」

「雖然律師在法院沒辦法建立什麼人脈，但弄到一張旁聽券應該不是問題。」

「你要招待我去觀戰？」

「很抱歉，不是你，是名單上的人之一。」

「取得居民票的目的，只是為了寄送旁聽券?真是拐彎抹角的做法。」

「突然收到陌生人寄來的旁聽券，任何人都會產生戒心。所以我不是要你郵寄，是要你親手交給對方。」

「我親手交給對方?」

「理由你自己想，例如你可以說你運氣好，拿到了旁聽券，卻因為突然有急事沒有辦法前往。」

「你的意思是要我在排隊領旁聽券號碼牌的隊伍之中找出這個人，假裝若無其事地把旁聽券讓給對方?」

「沒錯，而且要盡量裝得自然。」

「但我不知道對方長什麼樣子。」

「這是對方的照片。」

室田拿起那張照片，目不轉睛地看了一會後說道：

「這看起來像是證件照。」

「這是從對方的任職地點取得，過程完全合法。」

「大律師，你到底在打什麼鬼主意?」

御子柴並不是故意想要賣關子，只是不認為眼前這個刑警需要知道自己心中的全部盤算。

「收網。」御子柴說道。

御子柴從龜有警署返回自己的事務所，抵達時已過了中午。

寶來早已來到事務所內。他一看見御子柴，立刻高高舉起一張文件。

「查出網路服務業者了。」

「速度真快。」

「平臺業者一收到假處分決定通知書，馬上就提供了ＩＰ位址及時間戳記。接下來要做的事情，就是對網路服務業者提出禁止刪除紀錄的假處分，以及要求提供發信者資料。」

寶來這次重視的似乎不是穩健，而是效率。

「沒想到這麼快就可以走到這一步。你到底使用了什麼樣的招數？」

「我自己也有一些獨門祕技，這可不能隨便告訴你。」

大概是一些不可告人的骯髒手段吧。事實上御子柴自己也是大同小異。

「其實我的招數之一，就是祭出你的名字。雖然這對法院不管用，但是對部落格的經營公司可是效果十足。對方怕你怕得跟什麼一樣，哪敢與你為敵，當然是立刻提供網路服務業者的資料。」

「壞名聲也是一種名聲。」

「什麼？」

「沒什麼。就算我的名字對部落格的經營公司管用，對網路服務業者也不見得管用。」

「你放心吧，御子柴律師。現在你可是全國知名的公眾人物。」

太容易對他人寄予信任及期待，是寶來的一大缺點。御子柴心裡如此想著，但是當然沒有說出口。不管是談判、交涉還是辦理手續，只有愚蠢之輩才會全盤相信對方。就算一隻手與對方緊緊交握，另一手也要做好隨時可以朝對方揮拳的準備。

這姑且擱下不提，總之揭穿部落客的身分只是時間早晚的問題。接下來的重點，只在於如何神不知鬼不覺地突破對方的防線。

「對了，寶來律師。關於我們說好的報酬……」

「我都已經快要達成了，你該不會這時候才想要殺價吧？」

「當然不會，報酬就是一百萬。但如果在網路服務業者提供『國家正義』的姓名及地址之前，我已經自己查出來了，恕我沒有辦法支付報酬。」

「你說什麼？」

寶來瞪大了眼睛。

「當然各種申請手續所需要的郵寄費用及各種文書處理上的雜費，你都可以向我請款，但我不會支付你任何報酬。」

「你打算靠其他方法查出『國家正義』的身分？」

「我自己也有一些獨門祕技。如果你不想做白工，建議你趕緊向網路服務業者施壓，以最快的速度查出部落客的身分。」

「當初是你委託我做這件事，現在才突然變更條件，真是太卑鄙了。」

「這應該是你早就知道的事情。打從一開始，你就知道我不是一個品德高尚的人。當初在律師公會的懲戒動議上，你不是把我罵得狗血淋頭嗎？」

回想起來，寶來針對御子柴提出懲戒請求的時間，遠比那大量的懲戒請求者要早得多。寶來自己當然也還記得這件事，因此一時啞口無言，半晌才開口說道：

「剛開始的時候，你根本沒有提到優先權的問題。」

「沒錯，但是當初你提出報酬的要求時，你開的條件是『如果我成功揪出「國家正義」』。如果我比你早一步查出來，那就不能算是你『成功揪出』了。」

「這是詭辯。」

「我們都是律師，就不要把時間浪費在討論這是不是詭辯了。總而言之，你只要早我一步讓網路服務業者提供部落客的個資就行了。」

御子柴轉頭背對寶來，開始準備起今天出庭要使用到的文件資料。本來準備文件資料是洋子的工作，如今洋子不在，御子柴只能自己動手。寶來不僅要在御子柴不在的時候顧門，而且還要處理大量懲戒請求案件，依照當初的約定，御子柴不能再把一般事務丟給他做。

「接下來要繼續麻煩你了。」

御子柴不用回頭，也能感覺得出來寶來正以充滿怨恚的眼神看著自己。

這樣就對了。依照寶來的性格，如果只是以金錢利誘，只能讓他發揮七成的實力。必須要踐踏他的自尊心，故意讓他與時間競賽，才能誘發出百分之一百二十的力量。

如今御子柴已經完成了從兩個方向追查「國家正義」身分的布局。只要對方沒有事先察覺，致對方死命已經是時間早晚的問題。

## 4

東京地方法院，公訴法庭第二次開庭日。

這一天，祝田門附近也聚集了大量申請旁聽券的群眾。御子柴只是朝那人龍瞥了一眼，便已看出今天的人數遠超過第一次開庭時的人數。

在那人群之中，御子柴隱約看見了室田的身影。看來他是個遵守約定的人，正在設法將旁聽券送給御子柴指定的人物。

御子柴從旁邊通過，裝出一副什麼也不知道的表情。

今天的開庭時間，是下午一點。御子柴提早了三分鐘進入庭內，就跟上次一樣，古瀨及大量的旁聽人早已先到了。古瀨雖然看見了御子柴，卻連頭也沒有點一下。

旁聽席上依然不斷射來如針一般的銳利視線。大多數的好事分子都將御子柴當成了眼中釘，彷彿隨時準備要對御子柴吐口水，甚至是拿石頭丟向御子柴。如果視線具有實體，御子柴的身體恐怕早已遭貫穿數百次。

過了一會，洋子也進入庭內。那些無情的視線，同樣投射在洋子的身上。洋子面無表情地走向被告席，看得出來她正在暗自忍耐。如果法庭內可以自由說話而不會遭法警制止，恐怕此時庭內已充塞著怒吼、叫囂、譏諷與謾罵。

御子柴向來覺得洋子是一個很堅強的人。直到最近，御子柴才從洋子的口中得知她小時候經常遭受欺負。或許洋子的堅強，正是從那時候培養起來的特質。常有人說逆境可以讓人變得剛強，洋子就是最好的證據。

御子柴想到這裡，不禁感到好奇，自己的堅強又是從何而來？自從離開了醫療少年院後，自己就改名換姓，開始使用御子柴禮司這個姓名。在負責津田亞季子的案子※之前，極少有人知道自己從前的身分，當然也不會有人因為自己年少時的罪行而對自己投以鄙視的眼光。津田亞季子的案子，還是不久前才發生的事情。在此之前，自己頂多是被當成一個見利忘義的缺德律師。但是這樣的批判，聽在御子柴的耳裡實在是荒謬至極。換句話說，御子柴對來自世間的批判與譴責如此無感，並不是因為早已習慣的關係。

許多一般人應該擁有的感情，御子柴都付之闕如。其中之一，就是歸屬感。絕大部分的人，生活在群體之中，都會擔心遭到排擠。這也正是為什麼絕大部分的人都會害怕遭受批判與譴責。因為批判與譴責正是排擠的前兆。

相較之下，御子柴對群體完全不感興趣，既然不擔心遭到排擠，當然也不會害怕遭受批判與譴責。打從一開始，御子柴就不認為自己是群體中的一分子。換句話說，其實御子柴並不像洋子那麼堅強。御子柴的無動於衷，完全只是因為精神狀態異於常人。

正當御子柴天馬行空地想著這些問題時，一眾法官走了進來。

「現在開庭。」

業平的這句話，就像是敲響了第二回合的鐘聲。

「辯護人，你在前一次開庭時，主張不同意檢方所提出的甲三號證與甲八號證，現在你已經準備好進行反證了嗎？」

古瀨、眾法官、洋子及所有旁聽人的視線，全都集中在御子柴的身上。任何一個知道前一次開庭內容的人，都明白這次的反證對整場審判有著舉足輕重的影響。御子柴的一舉一動，當然吸引了所有人的目光。

「準備好了。」

「辯護人，請吧。」

御子柴慢慢地站了起來。故意放慢了速度，是為了吸引那幾個名為裁判員的法律門外漢的注意。

「為了幫助大家理解，請容我再次說明，檢方所提出的甲三號證，指的是凶手殺害被害人時所使用的凶器。而甲八號證，指的則是凶器上的指紋與被告指紋的比對結果。根據第一次開庭時的開頭陳述，以及舉證階段的部分內容，我們都明白指紋的一致性正是檢方起訴被告的最大依據。換句話說，只要能夠證明這個依據並非事實或沒有意義，被告的殺人嫌疑理當自然消除。」

※請參考《追憶夜想曲》。

古瀨望向御子柴的視線沒有絲毫移動，卻彷彿燃燒著青色火焰，宛如要把御子柴烤成焦炭。

「首先請大家看甲八號證的凶器上頭指紋的擴大圖。大家應該可以看得出來，刀柄的部分除了有著五指的指紋之外，因為使用者緊握刀柄的關係，就連掌紋也清楚地印在上頭。」

每一名法官的前方都設置著一臺螢幕。他們一邊聽著御子柴的論述，一邊凝視著甲八號證的擴大圖。

「這些指紋的附著方式乍看之下非常自然，但如果仔細查看，就會發現一個疑點，那就是食指的擺放位置。」

此時御子柴從自己帶來的包袱巾裡取出一把小刀。那是一把平凡無奇的小刀，只是形狀與凶器有些相似。法庭內所有人的視線都集中在那一把小刀上。

「因為沒有辦法使用實際的證物，請容我以這個代用品進行說明。」

「審判長。」古瀨舉起了手。

「檢察官，請說。」

「辯護人的行動沒有任何意義，只是在拖延時間而已。」

「辯護人，你現在這些說明，是反證的必要過程嗎？」

「當然，審判長。」

御子柴充滿自信地舉起手中的小刀。

「如今在這法庭裡，除了我之外，應該沒有人曾經拿刀子殺過人。」

這帶有諷刺意味的一句話，讓業平皺起了眉頭，旁聽席上應該也有不少人屏住了呼吸。

「光是看圖面，可能有點難理解。雖然我這個動作有點像是街頭表演，但我相信這樣的做法比較能夠讓大家理解我的推論。」

「請繼續。」

「從甲八號證可以看得出來，食指的指紋是附著在刀刃的根部。換句話說，使用者是以這樣的方式握著小刀。」

御子柴將自己的食指靠在刀刃的根部上，靠近刀刃與刀柄的連接部位，再度舉起小刀。

「這樣的握法看起來相當優雅，實在不像是能夠將人刺死的握法。當使用者以這樣的方式握著小刀時，食指完全沒有辦法控制往前刺出的力量。換句話說，這是非常不適合用來往前突刺的握法。」

好幾名裁判員握起拳頭，確認自己的手部動作。御子柴在心中暗自叫好。

「像這樣把食指放在刀刃根部的握法，適合用來做什麼動作呢？各位只要試著做一次看看，就能明白。當我們想要用小刀的刀刃來切割東西的時候，將食指抵在刀刃的根部上，不僅能夠維持小刀的穩定，而且下切的力量也能充分傳達到刀刃上。換句話說，這樣的握法不是用來突刺眼前的東西，而是用來切割擺在下方的東西。我說到這裡，相信各位都已經猜到了。這不是用來傷人的握法，而是牛排刀的握法。」

「審判長。」古瀨再度舉手。

「這是刻意誤導。辯護人使用特定的代用品，意圖扭曲大家的印象。」

「是不是刻意誤導，大家只要看另一樣東西就能明白了。」

「辯護人，請繼續。」

御子柴從包袱巾中取出了另一把小刀。這把小刀的形狀不僅與作為凶器的小刀完全相同，而且同樣有著白色的刀柄。

「審判長，請問你看見這把小刀的時候，有什麼感覺？」

「看起來跟凶器非常像。」

「被告與被害人知原徹矢，在案發當晚於東京晴空街道上的法式餐廳『Le Bonheur Hazama』共進晚餐，這把小刀正是餐廳內所用的牛排刀。刀柄部分為仿象牙的纖維強化塑膠，重量輕且強度夠，該餐廳所使用的叉子及牛排刀全都是相同款式。唯一的差別，只在於用來當作凶器的那把牛排刀，刀刃部分經過特別打磨，提升了殺傷力。總而言之，凶器的小刀其實是『Le Bonheur Hazama』餐廳的牛排刀，因此凶器上頭有被告的指紋一點也不奇怪，而且這也間接證明了被告並不是凶手。各位試想，倘若被告就是凶手，這代表被告是在用餐後偷偷將牛排刀帶到犯案現場。問題是被告在路上要怎麼磨刀？被告與被害人在用餐後一直在一起，被告不可能瞞著被害人偷偷磨刀。」

「等等，辯護人。如果被告不是凶手，為什麼凶器上頭沒有凶手的指紋？」

「大概是在被告使用過牛排刀之後，凶手以鋁箔紙或保鮮膜將刀柄部分包了起來。簡單來說，只要在使用刀子殺人的時候，不讓被告的指紋消失就行了。被告完全是遭到真凶利用了。」

整個法庭鴉雀無聲。

業平小心翼翼地問道：

「辯護人，殺死被害人的真凶，為什麼要利用被告？」

「為了讓她頂罪。」

「照你的推論，凶手能夠輕易取得餐廳內的牛排刀。這麼說來，凶手應該也跟被告一樣，曾經在餐廳裡用餐？」

「不，審判長。凶手如果是客人的話，凶手必須偷偷靠近被告及被害人的桌子，把牛排刀偷走才行。但是餐廳裡不僅有服務生，而且還有其他的客人，要是做出這種不自然的舉動，一定會引起注意。事實上該餐廳有一名女服務生，在案發當天晚上負責被告及被害人的桌子，而且在案發之後就突然離職了。女服務生要偷走一把牛排刀可說是不費吹灰之力，而且廚房一定有打磨刀子的器具。法警，麻煩請守住出口，不要讓任何人出去。」

御子柴這突如其來的要求，讓旁聽席上掀起了一陣騷動。

「這名女服務生是在案發的一個星期前才進入餐廳工作，離職的時候只打了一通電話到店裡，完全沒有出面。餐廳經理打電話到她的手機，發現那支手機號碼已經停用了。」

御子柴轉頭面對旁聽席。

「法警，請盯著那個戴墨鏡的女人，不要讓她離開。現在我為各位介紹，這位森澤雛乃，就是案發當天在餐廳裡工作，而且負責被告及被害人這一桌的女服務生。」

法庭內的所有視線同時集中在那女人的身上。出入口已被法警擋住，而且女人的周圍坐滿了旁聽人，根本沒有機會逃走。女人似乎放棄了抵抗，取下臉上的墨鏡。洋子一看見那女人的臉，雙眸登時閃爍異樣的神采，似乎是想起了當晚的事情。

打從一開始，御子柴就推測森澤雛乃很可能會來到法庭內旁聽。御子柴看到首次開庭登上報紙版面時心中竊喜，正是因為確信這一定能夠吸引雛乃到場。任何人如果有機會的話，都會選擇近距離聆聽遭自己誣陷的被告將會如何辯駁。只要能夠取得旁聽券，她一定會現身。唯一的變數，就只是室田能不能以最自然的演技，將旁聽券交到她手上。

「被害人曾多次從交往的女性口中套問出任職企業內部的醜聞，藉此提升自己的業績。有很多女性因為相信了被害人，最後落得相當淒慘的下場。其中之一就是任職於『久喜電器』的日比野美鳥。在會計部上班的美鳥，將企業內部資金短缺的問題告訴了當時正在交往中的知原，知原立刻透過公司的運用經營部聯絡『久喜電器』。雖然幫助企業化解了財務危機，但美鳥因此遭到革職處分，再加上知原與她分手，令她萬念俱灰，最後在家裡上吊自殺。森澤雛乃就是美鳥唯一的親妹妹。」

御子柴透過室田取得了雛乃的居民票，一看之下，立刻明白了日比野美鳥與雛乃的關係。接著只要向Le Bonheur Hazama餐廳索討雛乃的證件照，在排隊領旁聽券號碼牌的人群中將她找出來就行了。

雛乃惡狠狠地瞪著御子柴。

「她誣陷被告，單純只是因為當天晚上被告與知原一起吃晚餐。她唯一的目的，只是要向害死親姊姊的男人復仇。」

「別太得意了，臭律師。」

雛乃口出惡言。

「你有什麼證據證明我殺了知原？」

「證明妳殺人是檢察官的工作，不是我的工作。」

古瀨忽然被提及，登時兩眼一翻，但這次他瞪視的是雛乃。

「我的工作只是要證明被告無罪而已。妳如果要證明自己的清白，接下來就輪到妳跟古瀨檢察官對決了。不過只要警方稍微一查，或許就會發現妳的制服上頭有磨刀時飛濺的粉末，妳當天晚上所穿的便服上頭或許會有被害人的鮮血。自從妳成功誣陷被告之後，我猜妳就完全鬆懈了。只要警方派出鑑識人員，一定能夠找出許多對妳不利的證據。妳想要脫罪，恐怕是相當困難了。」

雛乃的臉登時脹紅，嘴唇微微顫抖。

此時審判長業平輕咳一聲，說道：

「真是始料未及的結果。辯護人主張被告無罪的論述，我已經完全明白了。檢察官，你是否有意見要陳述？」

「沒有。」

古瀨氣呼呼地說道。但此時他憤怒的矛頭，已完全從御子柴變成了森澤雛乃。

「對於辯方的論述，檢方並不進行反證。」

「檢方是否考慮撤告？」

「是否撤告，將在研議之後做出決定。法警，請限制這個女人的行動。」

在古瀨的命令下，兩名法警自兩側抓住了雛乃。

「混蛋！放開我！」

雛乃拚命掙扎，但遭強壯的法警強行制伏。

「閉庭。」

業平這句話一說出口，旁聽席上的媒體記者們登時宛如脫兔一般衝向法庭的大門。

「謝謝老闆。」

洋子對著御子柴深深鞠躬。

「可是我現在很害怕知道律師費用到底要多少錢。」

「總之妳得鞠躬盡瘁為我工作就對了。」

御子柴冷冷地丟下這句話，便轉身走出法庭。對洋子來說，事情已經結束了。但是對御子柴來說，還有敵人尚未解決。

## 5

「我作夢也沒想到自己會跟御子柴律師一起行動。」

室田在「阿卡迪亞經營管理公司」的會客室裡低聲咕噥。

「警察本來就沒有什麼機會和律師一起行動，就算是其他的律師也一樣。」

「沒錯，今天這件事大概會在我的同伴之間流傳下去吧。」

兩人又等了三分鐘，野際貴子才終於現身。

「對不起，讓你們久等了。」

「沒關係，我們只是講兩句話就會離開。」

「我看了新聞，殺害知原的真凶已經坦承犯案了？」

「沒錯，警方在她犯案當晚所穿的衣服上採驗到了血跡反應。她自以為洗得很乾淨，把血跡都洗掉了，但她不知道任何清潔劑都沒有辦法逃過警方的魯米諾（Luminol）血跡反應鑑定。員警將證據攤在她的面前，她就屈服了。」

「殺人的動機是為了替姊姊報仇？」

「自從她得知了姊姊日比野美鳥自殺的理由之後，就設計了縝密的殺人計畫。她知道知原身邊的女伴經常換人，所以她自然而然地想到可以把殺人罪誣賴到某個女人的頭上。她跟知原從來沒有見過面，所以當她穿著餐廳的制服出現在知原的面前時，知原完全沒有警覺。」

「知原從來沒有見過這個復仇者，當然是防不勝防。」

「當天晚上，她看兩人吃完了主餐的牛排，立刻將餐具收掉。接著她偷了牛排刀，用店裡的磨刀器具磨利之後，就以身體不舒服為理由提早下班。兩人用餐的時候，她一直站在附近偷聽兩人的對話，因此知道兩人接下來的行蹤。她在東京晴空街道的偏僻處追上了知原，上前向知原搭訕。知原就這麼傻傻地跟著她走到了押上車站。」

「真像是知原會做的事……」

野際嘆了一口氣。

「知原的工作能力不錯，可惜太好女色……色字頭上一把刀，他就這麼丟了性命。」

「死在女人的手上，對他來說也算是死得其所了吧。」御子柴說道。

「不知道該不該說他終於獲得了解脫……對了，律師先生，你身邊這位是誰？你還沒有介紹呢。」

「失禮了。」室田舉起警察手冊。

「敝姓室田，是龜有警署的刑警。」

「哎呀，原來是位刑警。可是……為什麼要帶位刑警來見我？」

「當然是為了逮捕妳，野際小姐。」

「你在開玩笑嗎？為什麼要逮捕我？」

「以鐵鎚攻擊我的歹徒就是妳。」

「你有什麼證據？律師先生，你這笑話一點也不有趣。」

「野際小姐，妳好像很在意自己的體味？」

野際沒料到御子柴會說出這句話，一時愣住了。

「我還記得第一次見面的時候，我聞到妳身上有很濃的香水味。我猜應該是為了掩蓋狐臭吧？我從前的一個委託人，她使用很濃的香水，就是為了掩蓋狐臭。」

「你太過分了。」

「妳只是說我過分，卻沒有否認？當初攻擊我的歹徒也跟妳一樣，距離很遠的時候聞不出來，然而當身體貼近在一起時，我聞到了強烈的氣味。歹徒的氣味，就是典型的狐臭。」

「因為我也有狐臭，所以我就是歹徒？我看你別當律師了，改當警犬吧。」

野際拔高了音調，似乎已動了怒氣。

「就憑這種理由，你們要逮捕我？」

「我對自己的嗅覺相當有自信，但是要當警犬恐怕還是力有未逮。我認定妳是攻擊我的歹徒，還有另一個理由。野際小姐，請妳打開妳的右手手掌。」

野際的表情頓時僵住了。

「怎麼了？快點打開。」

「我沒有義務照你的話做。」

「但妳總得聽從警方辦案。」

「失禮了。」室田打了一聲招呼，走上前去拉住野際的右手，半強硬地拉開她的手掌。掌心附近有著相當明顯的擦傷。

「不習慣使用蠻力的女性，拿著雙頭鐵鎚揮舞，就算手上帶著廉價的手套，掌心還是會磨破皮。」

室田以充滿同情的口氣解釋道：

「過去我遇上過好幾個攻擊丈夫的妻子，她們的共同特徵都是攻擊的舉動造成手部受傷。我想她們的心情都一樣，為了反擊丈夫不惜讓手受傷吧。」

「警方在歹徒攻擊我的現場採集到了歹徒的鞋印。如果警方立刻對妳的住處發動搜索，找到了鞋印相同的鞋子，妳打算怎麼解釋？」

野際答不出來，索性不發一語，似乎是行使起了緘默權。

「今天我帶刑警來，就是為了以傷害罪嫌將妳逮捕。不，還有一條威力業務妨害※。」

「我什麼時候妨礙你執行業務了？」

「妳就是部落客『國家正義』。」

野際的表情再度凍結。

「我的一個不太可靠的同伴，已經成功要求網路服務業者，提供了部落客『國家正義』的姓名及住址。野際貴子小姐，妳在網路上以『國家正義』的名義，煽動群眾共同妨礙『屍體郵差』執行律師業務，想要斷送我的社會前途。至於妳選擇我作為攻擊目標的理由……」

「一個殺人凶手竟然可以當上律師，引起公憤也是理所當然的事。」

「不，妳的動機不是公憤，而是私怨。妳是基於個人的理由，想要將我從社會上抹除。妳這麼做，是想要替好朋友報仇。」

這次輪到站在旁邊的室田愣住了。御子柴並沒有把野際的真正動機告訴室田。

「在我十四歲的時候，我殺害了一個名叫佐原綠的女童。當時佐原綠有兩個好朋友，一個是日下部洋子，另一個則是美幌貴子。野際小姐，妳的舊姓是美幌，戶籍在福岡市南區大橋相生町。」

這也是只要調出居民票，就可以輕易求證的事情。比起沒有戶籍的洋子，要追查野際貴子的人生經歷可以說是易如反掌。而且顯然戶籍的有無，並沒有對當事人其後的人格造成任何影響，這是多麼諷刺的一件事。

「除此之外，妳還隱瞞了另外一個祕密，可惜這個部分沒有辦法將妳定罪。妳為了幫助公司獲利，故意使用假名，在霞關的咖啡廳物色可以成為金雞母的女性，介紹給知原認識。沒有錯，受害女性的證詞中提到的南雲涼香，其實就是妳。知原的惡行惡狀，全都是受到了妳的指使。我讓咖啡廳『Salon de Mist』的老闆看了妳的照片，他已經證實妳就是南雲涼香。妳為了避免事後被捲入糾紛之中，每次前往咖啡廳都會化上濃妝。日下部洋子與妳三十年沒見，當然認不得妳就是小時候的好朋友貴子。而且日下部自己，也早已把妳的事情忘得一乾二淨了。妳得知日下部在我的事務所上班，一定感到既驚訝又生氣吧。」

「我完全沒想到她會被敵人雇用。」

「妳想要挖掘我事務所的醜聞，應該是一方面想要讓小時候的好朋友失去工作，另一方面想要讓我好看。」

「像洋子那麼乖巧的孩子，當你的事務員實在是太可惜了。」

---

※威力業務妨害：指以暴力、強迫或喧鬧等手段干擾他人執行業務的罪責。

御子柴對這一點亦有同感，但是當然沒有說出口。

「已經過了三十年，妳還在想著要替好朋友報仇，這股執著與深厚的友情實在令人尊敬。」

「哼。」

「但妳還是有不值得尊敬之處，那就是妳企圖對我施加肢體上的暴力。」

野際對著御子柴怒目而視，銳利的視線彷彿要貫穿御子柴的身體。

「是因為我打算對懲戒請求者提告，所以妳才決定訴諸暴力嗎？」

「像你這種人，就算收到大量的懲戒請求書，大概也是不痛不癢吧。」

「剛開始的時候，我是如此猜測。但我越想越不對勁。依妳的性格而言，訴諸暴力這種行徑實在太過魯莽且感情用事。比起在網路上煽動愚蠢的民眾，採取暴力手段的做法實在太過幼稚。」

「很抱歉，我就是一個這麼幼稚的人。」

「不，幼稚的人不是妳，而是另一個人。」

御子柴將臉湊上前去，接著說道：

「對我復仇雖然是為了私怨，但其實妳也是受到了幕後黑手操控，對吧？」

兩人互相瞪視了好一會，野際的身體開始微微顫抖。

「我還是有點擔心。」

走在飯店的住宿層走廊上，洋子憂心忡忡地說道。

「已經三十多年沒見了，她應該不認得我了吧。」
「是妳自己說如果要去見她，希望能帶妳一起去。」
御子柴反問道：
「見了她之後，妳打算做什麼？難不成要和她敘舊？」
「我沒有那個意思……」
兩人說到這裡，已來到一四〇八號房的門口。這裡就是那個人投宿的房間。
御子柴敲了敲門，房門內傳出蒼老的說話聲。
「誰？」
「您好，為您鋪床。」
洋子想要出言抗議，御子柴伸手制止了她。
「這種時間來鋪床？好吧，進來吧。」
「不好意思，我兩手拿著東西，能不能請您協助從內側把門打開？」
「真是的。」
不一會，房門從內側開啟，一名老婦人探出頭來。那老婦人不僅頭髮凌亂，而且面容憔悴。
老婦人一看見站在前面的洋子，登時露出了詫異之色。
「我好像在哪裡見過妳……」
「我是洋子。幼稚園的時候住在妳家附近的日下部洋子。」

老婦人一聽到這個名字，立刻展顏歡笑。

「啊，對……妳是洋子，好久不見……」

老婦人說到一半，突然沒有再說下去，因為她看見了站在洋子背後的御子柴。

「你……你是……園部信一郎！」

「自從在東京高等法院見了一面之後，我們已經好幾年沒見了，佐原女士。」

佐原成美，從前遭御子柴殺害的佐原綠的母親。她踉踉蹌蹌地逃向房內的床邊。剛剛面對洋子時笑逐顏開，此時臉上卻充塞著憎恨之情。御子柴仔細打量眼前的佐原成美。當初原本是個舉止高雅的老婦人，此刻卻像是完全變了一個人，似乎這幾年來吃了不少苦。

「你……你怎麼會在這裡？」

「就在剛剛，龜有警署的刑警以傷害罪名逮捕了野際貴子。妳住在這裡的事情，就是她說出來的。」

「逮捕……」

「她承認受了妳的委託，在網路上化名『國家正義』，慫恿民眾提出懲戒請求，企圖讓我遭律師公會開除。」

成美整個人癱坐在床上。

「我沒有屈服於大量的懲戒請求，反而決定向所有人求償。妳見情勢不對，於是要求野際貴子使用暴力手段。妳的年事已高，連走路都有困難，沒辦法自己做這件事。野際貴子本來不太願意，但一來我是殺了她的童年好友阿綠的凶手，二來她受到妳雇用，所以沒有辦法拒絕妳的要求。」

「你這混帳真是禍害遺千年。」

「但我不認為妳的經濟狀況好到可以雇用她做這些事。妳雇用她的錢是哪裡來的？」

「當然是用了你寄給我的錢。」

成美臉上的表情半笑半怒，似乎已接近精神錯亂的狀態。

「用你寄給我的錢把你逼上絕路，那種感覺真是痛快。」

「很可惜妳這次失敗了。」

「你是來嘲笑我的嗎？」

「我一開始就說過了，我只是來告訴妳，野際貴子已經遭到逮捕。至於她……」

御子柴伸手指向洋子，接著說道：

「她說很想跟妳見上一面，所以我把她帶來了。」

「佐原阿姨，拜託妳別再做這種事了。」

「妳不要靠近我！看來妳也被惡魔迷惑了。當初妳明明答應我，要幫阿綠報仇！」

「對不起，阿姨。可是報仇沒有辦法帶來任何好處，只會增加仇恨，讓自己身心俱疲，每天都活在焦躁之中。我知道妳沒有辦法忘懷阿綠被殺的往事，但妳的人生還是要往前進。如果妳滿腦子只想著報仇，妳會連往前進也做不到。」

「少囉嗦！少囉嗦！少囉嗦！」

成美半發狂地甩動頭髮。

「我已經這把年紀了，還能前進到哪裡去？除了這麼做之外，我還能做什麼？」

成美的聲音又粗又響，彷彿是從腹部深處擠出來一般。

「滾出去！你們兩個都給我滾出去！」

「阿姨……」

「該說的話都說完了，我要告辭了。」

御子柴面不改色地走向房門口，忽然像是想起了什麼，又轉頭說道：

「我會繼續寄錢給妳。」

「你以為這樣就算是向我道歉嗎？」

「我並不打算向妳道歉。寄錢給妳是我的自由，妳愛怎麼花是妳的事。」

御子柴說完這句話後走出房間，洋子趕緊跟上。

「總有一天，我會讓你得到報應！」

背後傳來了最後的怒吼。

走出飯店時，太陽早已西墜，帶著熱氣的晚風拂上肌膚。

「我想問妳一個問題。」

御子柴突然說道。

「如果妳不想回答，可以不必回答。」

「什麼問題？」

「妳在進入我的事務所之前，就知道我是『屍體郵差』，而且妳曾經是佐原綠的好朋友。為什麼妳能夠滿不在乎地待在我身邊那麼多年？妳如果想要下毒，應該有很多機會。」

洋子一直維持著沉默。就在御子柴以為她不打算回答的時候，她才緩緩開口說道：

「您還記得發生在二〇〇二年的女童殺害案嗎？」

「當然，我負責為被告辯護，贏得了無罪判決。」

「後來水戶警署逮捕了真凶，而且承認原本的被告是抓錯人了。但是在真凶落網之前，您因為幫助被告獲判無罪的關係，受到了社會大眾的嚴厲批判。當時我看電視新聞，有不少民眾對您投擲雞蛋，或是對您破口大罵。那時候我已經知道您的身分，所以心裡暗自叫好。」

「這是很正常的反應。」

「民眾對您的攻擊，持續了一星期左右。您每天都被記者群及好事群眾包圍，遭受來自四面八方的謾罵與譴責，但您的表情從來不曾改變。」

「跟那些群眾一般見識，沒辦法讓我拿到絲毫好處。」

「唯有一次，您的表情出現了變化。」

洋子的口氣突然變得激動。

「當時您正在躲避不斷發問的記者群，有一個小女孩站在您的面前，偷偷朝您伸出了手。您先是露出嚇一跳的表情，接著戰戰兢兢地握住小女孩的手，臉上帶著些許靦腆的微笑，下一秒您就倉皇逃走了。我記得很清楚，那個小女孩就是您所拯救的那位被告的女兒。」

「這麼久以前的事情，我不記得了。」

「當時我才恍然大悟，原來人是會變的。當年殺死好朋友的『屍體郵差』，如今已經變成了另外一個人。」

「真是可笑。」

「我因為沒有戶籍的關係，從小到大經常受到排擠，我也曾經非常痛恨這個世界。剛剛我對佐原阿姨說的那些話，其實是我想要對自己說的話。我已經累了，我不想再憎恨這個世間，或是憎恨任何人。就在我這麼想的時候，我看見了您與小女孩的互動。於是我在心中許下了一個心願，我希望自己也能變成另外一個人。」

早知道就不問了。

御子柴在心中暗自咒罵。

「我已經忘了的事情，妳也不准記住。」

「這太強人所難了。」

「如果妳不願意，那就辭職吧。」

「這也是強人所難……啊，您等等有空嗎？」

「幹什麼？」

「我想舉辦一場小小的餐會，慶祝自己無罪開釋。沒有人要幫我舉辦，所以我自己打電話訂了餐廳。」

如果可以的話，希望您一起參加。」

「我還有堆積如山的案子必須處理。」

「我也邀請了倫子妹妹。她如果知道您不參加，可能會纏著您嘮叨好一陣子。」

「……乾杯完我就離開。」

中山七里作品

## 『犬養隼人』系列

在東京深川警察署跟前，發現一具器官全被掏空的年輕女屍。自稱「傑克」的凶手寄出聲明文到電視臺，簡直像在嘲笑慌張失措的搜查本部。正當所有線索指向與器官捐贈相關的同時，該捐贈者的母親竟然行蹤不明……！搜查一課的犬養隼人，他的女兒也正準備接受器官移植手術，在刑警與父親之間擺盪，還必須鍥而不捨地追捕凶手……。究竟「傑克」是誰？目的是什麼？犬養該如何克服內心衝擊，揭開令人意外的真相！

### 開膛手傑克的告白

14.8×21cm　352 頁　定價：320 元

---

好人，一念之間就可能變成壞人！逆轉情勢的風暴一波波襲來！ 7 種顏色引出 7 則離奇案件！兇手該說是他還是他⁉
這次，《開膛手傑克的告白》犬養隼人擺脫「弱掉的帥哥刑警」稱號，在他洞若觀火的偵察之下，鮮烈地挖掘出沉睡於人性深處的惡念……

### 七色之毒

14.8×21cm　288 頁　定價：280 元

---

一名罹患記憶障礙的少女，在母親陪同返家的途中遭到誘拐。歹徒留下了一張畫有「哈梅爾的吹笛人」的明信片，卻未曾索求贖金。
面對如此不尋常的綁架案，犬養隱約察覺到了兩名少女之間的關聯之處。他緊咬著僅有的線索，卻遭到歹徒猖狂的追擊——眾目睽睽之下再次發生了綁架案！就在警方大感顏面掃地之時，歹徒發出了超乎想像的犯罪聲明！歹徒的目標竟是——

### 哈梅爾吹笛人的誘拐

14.8×21cm　320 頁　定價：350 元

---

「Doctor Death」。繼承了推廣積極安樂死之傑克 ・ 凱沃基安醫師的遺志。人皆生而平等。以低廉的代價讓人獲得安詳解脫的神秘來訪者，究竟是病患的「救世主」，還是穿著白袍的「索命死神」？
當我們來到攸關生命尊嚴的岔路時，心中搖擺不定的指針，最後會在這場艱困選擇中朝向哪一方？一連串「不存在被害者」的犯罪，到底該如何予以制裁？

### 死亡醫生的遺產

14.8×21cm　336 頁　定價：350 元

## 好書推薦

**★第八屆「這本推理小說了不起」大賞得主中山七里全新力作。**
**★書寫「冤罪」大議題，挑戰司法體系的公平與正義，精準詮釋人性的光明與陰暗！**
**★社會派推理與本格派推理的完美融合！**

「比起被害者，司法往往更加致力於維護加害者的人權。」
正義女神泰米斯，手持天秤與寶劍。
寶劍象徵力量，天秤代表衡量正邪的正義。
沒有力量的正義發揮不了作用，沒有正義的力量等於暴力。
狂風大雨之夜，一對房仲業夫婦慘遭竊賊殺害。菜鳥刑警渡瀨與資深前輩鳴海，憑著線索抓到涉嫌重大的嫌犯楠木，並對他嚴厲逼問，最終獲得認罪口供。
五年後的冬季，轄區再次發生竊盜殺人案。
竊賊的作案手法十分熟練，而且似曾相識，令渡瀨不禁聯想起那宗房仲夫婦的竊盜命案！難道楠木是無、辜、的？渡瀨的背脊竄起一陣戰慄……
潘朵拉的盒子已然捧在手上，揭發或隱匿？他的抉擇是——？
當司法體系成了「殺人兇手」
當「殺人犯家屬」成了「冤案受害家屬」
泰米斯之劍將揮向何人？！
一宗無人敢觸碰的沉重冤案，讓菜鳥蛻變成鬼見愁刑警？！
《連續殺人鬼青蛙男》、《贖罪奏鳴曲》渡瀨警部的罪與罰！

**泰米斯之劍**　　14.8×21cm　384 頁　定價：320 元

TITLE

# 復仇協奏曲

STAFF

| | |
|---|---|
| 出版 | 瑞昇文化事業股份有限公司 |
| 作者 | 中山七里 |
| 譯者 | 李彥樺 |
| 總編輯 | 郭湘齡 |
| 文字編輯 | 張聿雯　徐承義 |
| 美術編輯 | 許菩真 |
| 封面設計 | 許菩真 |
| 排版 | 許菩真 |
| 製版 | 明宏彩色照相製版有限公司 |
| 印刷 | 桂林彩色印刷股份有限公司<br>紘億彩色印刷有限公司 |
| 法律顧問 | 立勤國際法律事務所　黃沛聲律師 |
| 戶名 | 瑞昇文化事業股份有限公司 |
| 劃撥帳號 | 19598343 |
| 地址 | 新北市中和區景平路464巷2弄1-4號 |
| 電話 | (02)2945-3191 |
| 傳真 | (02)2945-3190 |
| 網址 | www.rising-books.com.tw |
| Mail | deepblue@rising-books.com.tw |
| 初版日期 | 2023年3月 |
| 定價 | 520元 |

國家圖書館出版品預行編目資料

復仇協奏曲/中山七里作；李彥樺譯. --
初版. -
新北市：瑞昇文化事業股份有限公司,
2023.03
304面；14.8 X 21公分
譯自：ふくしゅうのコンチェルト
ISBN 978-986-401-612-9(平裝)

861.57　　112001005

讀小說
Reading Novel

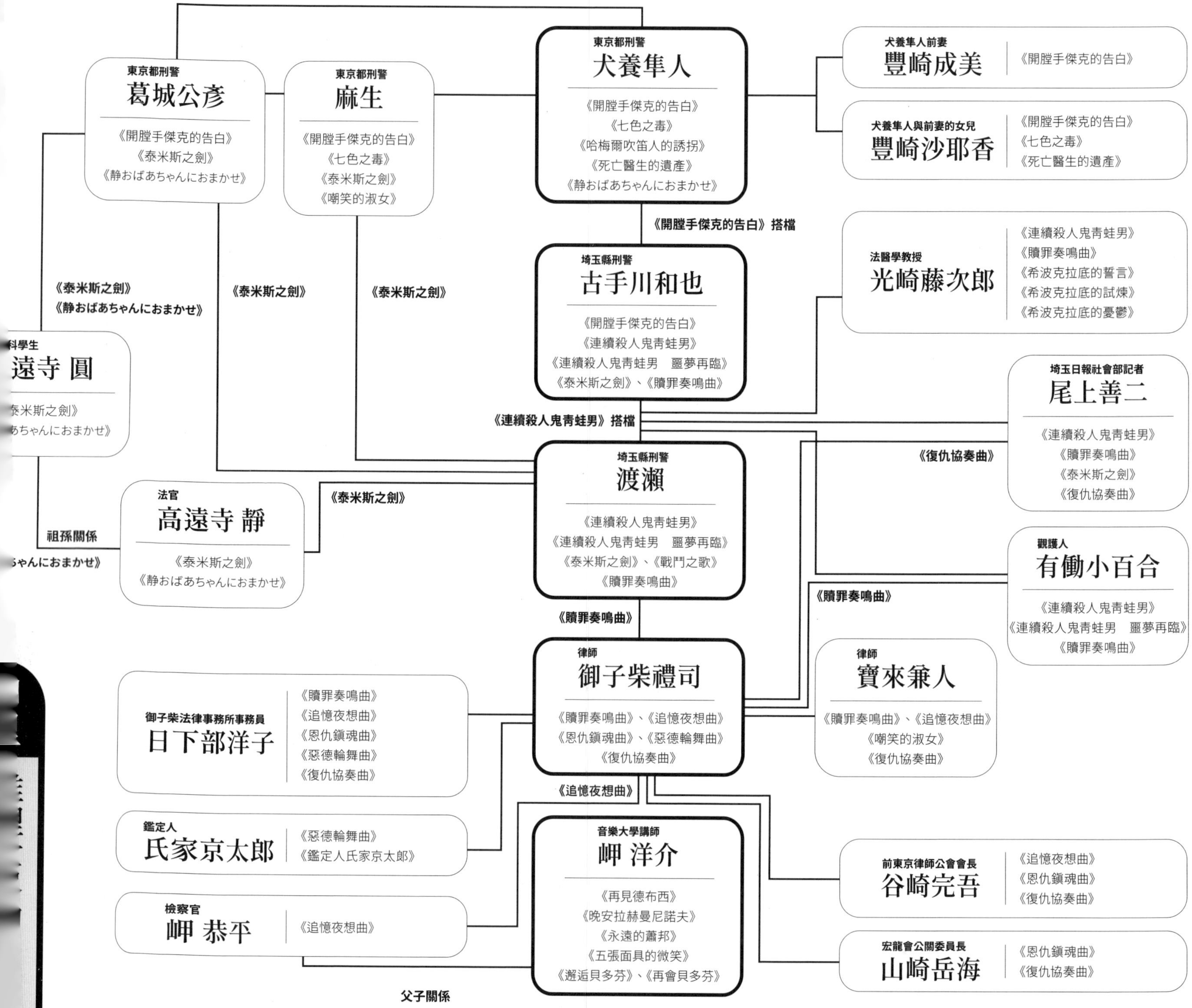
東京都刑警
犬養隼人
《開膛手傑克的告白》
《七色之毒》
《哈梅爾吹笛人的誘拐》
《死亡醫生的遺產》
《静おばあちゃんにおまかせ》
犬養隼人前妻
豐崎成美
《開膛手傑克的告白》
犬養隼人與前妻的女兒
豐崎沙耶香
《開膛手傑克的告白》
《七色之毒》
《死亡醫生的遺產》
東京都刑警
葛城公彥
《開膛手傑克的告白》
《泰米斯之劍》
《静おばあちゃんにおまかせ》
東京都刑警
麻生
《開膛手傑克的告白》
《七色之毒》
《泰米斯之劍》
《嘲笑的淑女》
《開膛手傑克的告白》搭檔
埼玉縣刑警
古手川和也
《開膛手傑克的告白》
《連續殺人鬼青蛙男》
《連續殺人鬼青蛙男　噩夢再臨》
《泰米斯之劍》、《贖罪奏鳴曲》
法醫學教授
光崎藤次郎
《連續殺人鬼青蛙男》
《贖罪奏鳴曲》
《希波克拉底的誓言》
《希波克拉底的試煉》
《希波克拉底的憂鬱》
《泰米斯之劍》
《静おばあちゃんにおまかせ》
《泰米斯之劍》
《泰米斯之劍》
科學生
遠寺 圓
泰米斯之劍》
あちゃんにおまかせ》
《連續殺人鬼青蛙男》搭檔
埼玉日報社會部記者
尾上善二
《連續殺人鬼青蛙男》
《贖罪奏鳴曲》
《泰米斯之劍》
《復仇協奏曲》
《復仇協奏曲》
埼玉縣刑警
渡瀨
《連續殺人鬼青蛙男》
《連續殺人鬼青蛙男　噩夢再臨》
《泰米斯之劍》、《戰鬥之歌》
《贖罪奏鳴曲》
《泰米斯之劍》
法官
高遠寺 靜
《泰米斯之劍》
《静おばあちゃんにおまかせ》
祖孫關係
ちゃんにおまかせ》
觀護人
有働小百合
《連續殺人鬼青蛙男》
《連續殺人鬼青蛙男　噩夢再臨》
《贖罪奏鳴曲》
《贖罪奏鳴曲》
《贖罪奏鳴曲》
律師
御子柴禮司
《贖罪奏鳴曲》、《追憶夜想曲》
《恩仇鎮魂曲》、《惡德輪舞曲》
《復仇協奏曲》
律師
寶來兼人
《贖罪奏鳴曲》、《追憶夜想曲》
《嘲笑的淑女》
《復仇協奏曲》
御子柴法律事務所事務員
日下部洋子
《贖罪奏鳴曲》
《追憶夜想曲》
《恩仇鎮魂曲》
《惡德輪舞曲》
《復仇協奏曲》
《追憶夜想曲》
鑑定人
氏家京太郎
《惡德輪舞曲》
《鑑定人氏家京太郎》
音樂大學講師
岬 洋介
《再見德布西》
《晚安拉赫曼尼諾夫》
《永遠的蕭邦》
《五張面具的微笑》
《邂逅貝多芬》、《再會貝多芬》
前東京律師公會會長
谷崎完吾
《追憶夜想曲》
《恩仇鎮魂曲》
《復仇協奏曲》
檢察官
岬 恭平
《追憶夜想曲》
宏龍會公關委員長
山崎岳海
《恩仇鎮魂曲》
《復仇協奏曲》
父子關係

法

《静お

《静おばあ

中

七

角色關係圖